Daniel Ludwig

Vom Entwicklungsland zum global player

Daniel Ludwig

Vom Entwicklungsland zum *global player*

Internationale Entwicklungshilfe am Beispiel der Zusammenarbeit zwischen der Weltbankgruppe und China

Tectum Verlag

Daniel Ludwig

Vom Entwicklungsland zum *global player*.
Internationale Entwicklungshilfe am Beispiel der Zusammenarbeit zwischen der Weltbankgruppe und China

ISBN: 978-3-8288-2897-1

Umschlagabbildungen: © www.istockphoto.com | rest
© www.istockphoto.com | Jovan Nikolic
© www.shutterstock.com | oksana.perkins
© www.shutterstock.com | Giancarlo Liguori

Printed in Germany

Besuchen Sie uns im Internet
www.tectum-verlag.de

Bibliografische Informationen der Deutschen Nationalbibliothek
Die Deutsche Nationalbibliothek verzeichnet diese Publikation in der Deutschen Nationalbibliografie; detaillierte bibliografische Angaben sind im Internet über http://dnb.ddb.de abrufbar.

Für Neema und Neela

Inhaltsverzeichnis

Abbildungsverzeichnis

Abkürzungsverzeichnis

AAA	Bewertung von Anleihen durch unterschiedliche Rating Agenturen
ADB	Asian Development Bank
AIDS	Acquired Immunodeficiency Syndrome
AIG	American International Group
AKP-Staaten	Staaten in Afrika, im Karibischen Raum und im Pazifischen Ozean
Beida	Beijing Daxue; Peking Universität
BIP	Bruttoinlandsprodukt
BMZ	Bundesministerium für wirtschaftliche Zusammenarbeit und Entwicklung
BRD	Bundesrepublik Deutschland
BRIC-Staaten	Brasilien, Russland, Indien, China
CADF	China-Africa Development Fund
CCER	China Center for Economic Research
CDB	China Development Bank
CGIAR	Consultative Group on International Agricultural Research
CIA	Central Intelligence Agency
CPS	Country Partnership Strategy
DAC	Development Assistance Committee
DAFC	Department of Aid to Foreign Countries
DC	Development Committee of the World Bank and the International Monetary Fund; auch geläufige Abkürzung für Developing Country im Englischen
DIE	Deutsches Institut für Entwicklungspolitik
DWAA	Department of West Asian and African Affairs
ECOSOC	United Nations Economic and Social Council
EG	Europäische Gemeinschaften
EH	Entwicklungshilfe

EL	Entwicklungsland/Entwicklungsländer
EP	Entwicklungspolitik
EU	European Union/Europäische Union
Eximbank	Export Import Bank of China
EZ	Entwicklungszusammenarbeit
FAO	United Nations Food and Agriculture Organization
FED	Federal Reserve System
FI	Finanzintermediär/e
FJP	Fünf-Jahres-Programm
FZ	Finanzielle Zusammenarbeit
G-20	The Group of Twenty (Finance Ministers and Central Bank Governors)/Gruppe der 20 wichtigsten Industrie und Schwellenländer
GATS	General Agreement on Trade in Services
GATT	General Agreement on Tariffs and Trade
GAVI	Global Alliance for Vaccines and Immunization
GDP	Gross Domestic Product
GEF	Global Environment Facility
GIGA	German Institute of Global and Area Studies
GIZ	Deutsche Gesellschaft für Internationale Zusammenarbeit
GNI	Gross National Income
HDI	Human Development Index
HIV	Human Immunodeficiency Virus
IBRD	International Bank for Reconstruction and Development
ICB	International Competetive Bidding
ICSID	International Center for Settlement of Investment Disputes
IDA	International Development Association
IFC	International Finance Corporation
IL	Industrieland/Industrieländer

ILO	International Labor Organization
IMF	International Monetary Fund
KPCh	Kommunistische Partei Chinas
LDC	Least Developed Country
LIC	Low Income Country
LLDC	Landlocked Developing Country
LMIC	Lower Middle Income Country
MDG	Millennium Development Goals
MIC	Middle Income Country
MIGA	Multilateral Investment Guarantee Agency
MOE	Ministry of Education
MOF	Ministry of Finance
MOFA	Ministry of Foreign Affairs
MOFCOM	Ministry of Commerce
MOFTEC	Ministry of Foreign Trade and Economic Cooperation
NDRC	National Development and Reform Commission
NGO	Non-Governmental Organization
NSD	National School of Development
ODA	Official Development Assistance
OECD	Organization for Economic Cooperation and Development
PKE	Pro-Kopf-Einkommen
PPP	Purchasing Power Parity
RMB	Renminbi (Chinesische Währung)
SIDS	Small Islands Developing State
TRIPS	Agreement on Trade-Related Aspects of Intellectual Property Rights
TZ	Technische Zusammenarbeit
UMIC	Upper Middle Income Country
UN	United Nations
UNAIDS	Joint United Nations Program on HIV/AIDS

UNCTAD	United Nations Conference on Trade and Development
UNDP	United Nations Development Program
UNESCO	United Nations Educational, Scientific and Cultural Organization
UNHRC	United Nations Human Rights Council
UNICEF	United Nations International Chidren's Emergency Fund
UNIDO	United Nations Industrial Development Organization
USA	United States of America
USD	United States Dollar
VR	Volksrepublik
VW	Volkswirtschaft
WB	World Bank/Weltbank
WBI	World Bank Institute
WDI	World Development Indicators
WFP	World Food Program
WHO	World Health Organization
WTO	World Trade Organization
ZK der KPCh	Zentralkomitee der Kommunistischen Partei Chinas

Einleitung

Globalisierung ist ein Schlagwort, das in den letzten 20 Jahren zunehmend benutzt wird. Es ist ein Vorgang, der nahezu alle Bereiche des Lebens betrifft, wie z.B. Wirtschaft, Politik, Kultur, Umwelt oder Kommunikation. Grenzen zwischen Staaten oder politischen Ebenen und Themen verschwimmen in immer größerem Ausmaße. Dabei hat die Globalisierung längst eine sich selbst verstärkende Dynamik angenommen. Kein Land und kaum ein Mensch können sich diesem Phänomen entziehen. Dabei zeigen sich positive sowie negative Effekte. Gerade die letzten Jahre haben sehr deutlich gezeigt, dass lokale Vorgänge, besonders in Wirtschaft und Politik, globale Auswirkungen, auch auf ganz andere Bereiche, haben können. Gewollt und ungewollt, aktiv oder passiv. Die Öffentlichkeit hat weltweit ein größeres Bewusstsein für die negativen Auswirkungen der Globalisierung als je zuvor.[1] Auch dafür ist die Globalisierung in Form einer stärkeren Vernetzung, insbesondere der Massenkommunikation, verantwortlich. Denn nie war es einfacher sich über die Zustände in anderen Ländern v.a. über das Internet zu informieren bzw. sich der Welt mitzuteilen.

Auch die Entwicklungspolitik und die Entwicklungszusammenarbeit sind von der Globalisierung betroffen. In etwa 60 Jahren moderner internationaler Entwicklungspolitik hat diese sich ebenfalls stark verändert. Und trotz vielfältiger Erfahrungen sind die wohlhabenden Länder nach wie vor nicht in der Lage zu garantieren, dass ihre Hilfe auch Entwicklung bringt. Unerheblich ist hier, ob damit wirtschaftliche, soziale, nachhaltige, menschenbezogene oder wie auch immer definierte Entwicklung gemeint ist (vgl. Brautigam 2009:11). Entwicklungspolitik und Entwicklungszusammenarbeit bilden einen sehr komplexen, weitläufigen Themenbereich und überschneiden sich wiederum mit zahlreichen anderen Fachgebieten. Es existieren zahlreiche Publikationen, die das Thema in verschiedener Weise darstellen und diskutieren.[2]

China bietet sich für eine Untersuchung zu Entwicklungspolitik und Entwicklungszusammenarbeit aus verschiedenen Gründen an. Zur Zeit der Gründung der Volksrepublik war China eines der ärmsten Länder der Welt. Seit der Reform- und Öffnungspolitik hat China eine beeindruckende Entwicklung vollzogen. Diese hat z.B. dazu geführt, dass China

1 Insbesondere in Bezug auf Armut. Vgl. dazu auch Ravallion (2011).

2 Gerade für die Grundlagen der Entwicklungspolitik sind die Werke von Lachmann (2004), Nuscheler (2005), Ihne/Wilhelm (2006) und Rauch (2009) zu empfehlen.

2010 Japan als zweitgrößte Volkswirtschaft der Erde abgelöst hat und im gleichen Jahr größte Exportnation war. Zudem ist China inzwischen wichtiger Teil der internationalen Gemeinschaft und spielt auch in internationalen Organisationen zunehmend eine größere Rolle. So ist China ebenfalls seit 2010 drittgrößter Anteilseigner der Weltbank und des Internationalen Währungsfonds. Zudem ist seit 2008 der Chefökonom der Weltbank ein Chinese. Allerdings gibt es in China noch immer Armut, was für Chinesen die Frage aufwirft: Warum leistet China dann selbst Entwicklungshilfe? Auf der anderen Seite fragen Bürger westlicher Staaten, warum China noch Hilfsgelder erhält, wenn vielfach über große Fortschritte und steigende Wachstumszahlen berichtet wird. China ist inzwischen selbst verstärkt entwicklungspolitisch engagiert. Das Engagement in Afrika ist dabei nicht neu. Schon in den 1960er und 1970er Jahren war China dort aktiv. Bekannt aus dieser Zeit ist insbesondere das Eisenbahnprojekt in Tansania und Sambia. Auch ein europäisches Land, Malta, erhielt Anfang der 1970er Jahre von China Entwicklungshilfe. Seit einigen Jahren leistet China verstärkt humanitäre Hilfe. Sogar die USA erhielten 2005 Hilfe nach dem Wirbelsturm Katrina. So stellt sich eine weitere Frage: Kann der Westen von Chinas Entwicklungspolitik und Entwicklungszusammenarbeit lernen?

Auch für den Themenbereich der internationalen Entwicklungszusammenarbeit mit China gibt es zunehmend Veröffentlichungen, die sich allerdings zu großen Teilen auf Chinas Engagement in Afrika konzentrieren. Problematisch ist es, an objektive und verlässliche Daten (mit internationalem Standard) von chinesischer Seite zu gelangen. In den meisten Fällen ist dies sogar unmöglich. Die Arbeit der Weltbankgruppe in und mit China bildet einen Schwerpunkt, da es sich bei der Weltbank um eine der größten und wichtigsten Institutionen der internationalen Entwicklungszusammenarbeit handelt. Zudem gibt es für diese Zusammenarbeit umfangreiches und überwiegend zuverlässiges Recherchematerial. Allerdings bezieht sich dieses hauptsächlich auf die direkte Kooperation zwischen Weltbank und China und stammt fast ausschließlich von der Weltbank selbst. Zu Weltbank-Angaben über Chinas Entwicklungshilfe ohne Weltbank-Beteiligung sind zum Teil gravierende Recherchefehler bekannt geworden (vgl. Brautigam 2009:177-179). Andere Literatur, die die Weltbank in China schwerpunktmäßig thematisiert, ist kaum vorhanden und wenn, sehr spezifisch, z.B. auf technische Bereiche fokussiert und reduziert.

Zentrales Anliegen dieser Arbeit ist eine übersichtliche Darstellung der Entwicklungszusammenarbeit mit China, insbesondere auch bezüglich der Kooperation Chinas mit der Weltbank. Herauszuheben sind an dieser Stelle die Publikationen von Deborah Brautigam, Professorin an der

American University in Washington D.C., die sich seit Jahrzenten mit chinesischer Entwicklungspolitik und Entwicklungszusammenarbeit, v.a. auch in Bezug von Chinas Engagement in Afrika, auseinandersetzt und untersucht. In chinesischen Publikationen, die eher rar sind, werden überwiegend Übersetzungen der Weltbank-Materialien, der internationalen, meist englischen Veröffentlichungen zur Entwicklungspolitik und Zusammenfassungen eben solcher angeboten. Die erwähnenswerte Literatur von Chinesen wird i.d.R. auch auf Englisch verfügbar gemacht oder verfasst. Umgekehrt ist eine Vielzahl der Weltbank-Materialien auch auf Chinesisch erhältlich. Ein Problem bei der Recherche bestand darin, dass sich die Entwicklungspolitik in China seit den 1990er Jahren in einem dauernden Reformprozess befindet und die Zuständigkeiten für entwicklungspolitische Fragen fortwährend wechseln können. Auch wenn sich im Grunde genommen die Kernkompetenzen dabei nicht verschoben haben, wurden häufig neue Ausschüsse oder Abteilungen im Zusammenhang mit chinesischer Entwicklungshilfe erwähnt, oder diese teilweise mitsamt dem entsprechenden Ministerium umbenannt.

China ist seit Mitte der 2000er Jahre immer stärker in das öffentliche Bewusstsein getreten. Indiz dafür ist v.a. eine breitere Berichterstattung in Fernsehen und Zeitungen. Diese Meldungen sind vielfach sehr spezifisch und geben häufig nur einzelne Aspekte Chinas wieder. Zudem ist die Berichterstattung, gerade außerhalb Chinas, in vielen Fällen eine Mixtur aus ungenügend recherchierten Informationen und Fakten. Dies führt nicht selten zu Schlüssen, die im Westen ein alarmierendes und warnendes Bild von China vermitteln. Auf der anderen Seite ist auch die chinesische Berichterstattung meist nicht objektiv. Wird in China über Entwicklungspolitik berichtet, sind die Meldungen häufig von der Partei bzw. der Regierung gesteuert und propagieren Freundschaft und den gegenseitigen Nutzen der Zusammenarbeit (vgl. Brautigam 2009:3). Eine weitere Zielsetzung dieser Arbeit ist es, ein ausgewogenes, realistisches und objektives Bild der Entwicklungsarbeit mit China am Beispiel der Zusammenarbeit mit der Weltbank zu vermitteln.

Dazu wird im ersten Kapitel ein Überblick über die Entwicklungspolitik und die Entwicklungszusammenarbeit sowie der ihnen zugrunde liegenden Theorien gegeben. Der Überblick beschränkt sich auf die für das Verständnis dieser Arbeit relevanten Grundlagen. Zuerst werden einige begriffliche Abgrenzungen vorgenommen, da die Entwicklungspolitik einen ausgeprägten Fachjargon nutzt. Dabei werden u.a. folgende Fragen berücksichtigt: Was ist Entwicklung? Was ist Entwicklungshilfe? Welche Motivation gibt es für die Entwicklungszusammenarbeit?

Das zweite Kapitel stellt die Entwicklungszusammenarbeit mit China insgesamt dar. Warum ist gerade China als aufstrebende Wirtschaftsmacht ein gutes Beispiel für internationale Entwicklungszusammenarbeit? Wie unterscheidet sich die Entwicklungshilfe für China von der Entwicklungshilfe, die China selbst in anderen Ländern leistet? Thematisiert wird hier, warum China Entwicklungshilfe leistet, wem diese zu Gute kommt und wer davon profitiert, bzw. welcher Zweck mit dieser Hilfe verfolgt wird. Diesbezüglich muss bei Daten und teilweise auch historischen Darstellungen oft auf internationale (meist englische) Literatur zurückgegriffen werden. Chinesische Publikationen stimmen häufig wortwörtlich miteinander sowie mit Weltbank-Veröffentlichungen überein, Zahlenangaben aus diesen weichen jedoch oftmals voneinander ab und verfügen zum Teil nicht über Quellenangaben.

Im dritten Kapitel wird die Weltbankgruppe vorgestellt. Die Entstehung, Organisation und Arbeit sowie die Kritik an der Weltbank werden in einzelnen Punkten zusammenfassend wiedergegeben bzw. diskutiert. Dies vermittelt das notwendige Basiswissen, um im Weiteren die Arbeit der Weltbank in China besser nachvollziehen zu können.

Die Zusammenarbeit zwischen Weltbank und China ist Inhalt des vierten Kapitels. Kurz wird ein Überblick über die Geschichte der Arbeit der Weltbank in China gegeben. Die einzelnen Bereiche und Projekte der Weltbank werden dargestellt. Auch die Rolle Chinas in der Weltbank wird thematisiert. Darüber hinaus wird auf die noch bestehenden Herausforderungen für die weitere Entwicklung Chinas eingegangen. Das Kapitel abschließend, wird ein Ausblick auf die zukünftige Zusammenarbeit zwischen Weltbank und China gewagt.

In der Schlussbetrachtung wird zusammenfassend ein Überblick über die Beantwortung der Fragestellungen der einzelnen Abschnitte gegeben. Übergreifend sollen hier auch die Fragen beantwortet werden, wie die Zusammenarbeit zwischen Weltbank und China einzuschätzen ist und wie sie in Zukunft aussehen könnte. Außerdem stellt sich die Frage, was von Chinas entwicklungspolitischem Engagement zu halten ist und ob dies als Indikator für China als zukünftige Weltmacht betrachtet werden kann.

1 Überblick über die Entwicklungspolitik

1.1 Allgemeine begriffliche Abgrenzungen

Beschäftigt man sich mit dem Thema Entwicklungspolitik, ist es erforderlich, sich mit den im Themenfeld gebräuchlichen Begriffen auseinanderzusetzen. Es gibt jedoch selbst für die wichtigsten Begriffe keine allgemein gültigen und anerkannten Definitionen. Gründe hierfür sind sehr unterschiedliche, meist auf politischen Zielen und Überzeugungen sowie Wertvorstellungen basierende Definitionen schon für den zentralen Begriff der Entwicklung, von dem sich die geläufigsten Begriffe, nämlich Entwicklungshilfe (EH), Entwicklungszusammenarbeit (EZ) und Entwicklungspolitik (EP) ableiten. Lachmann (2004:8) ist der Ansicht, dass solange über den Begriff keine Klarheit herrscht, Probleme für die entwicklungspolitischen Schlussfolgerungen bestehen werden.

Beispielsweise definiert Amartya Sen, Wirtschaftsnobelpreisträger aus Indien[3], Entwicklung eher allgemein: „The process of economic development can be seen as a process of expanding the capabilities of people." (Sen 1983:755). Hier wird deutlich, dass es sich bei Entwicklung im entwicklungspolitischen Kontext um einen normativen Begriff handelt, der von bestimmten Zielen im Entwicklungsprozess abhängt. Diese werden von anderen Politikbereichen bestimmt, die ihrerseits von gesellschaftlichen Vorstellungen abhängen.

Die meisten Definitionen beinhalten die Annahme, dass durch den Entwicklungsprozess ein höherer Lebensstandard für die Bevölkerung erreicht wird. Sen stellt bei seiner o.g. Definition, entgegen dem gängigen Verständnis der Ökonomik, die Entwicklung der individuellen Fähigkeiten in den Mittelpunkt (Lachmann 2004:14f.). Voraussetzung für die Entwicklung von solchen Potenzialen sind die in der Grund- und Menschenrechtscharta der Vereinten Nationen formulierten Punkte (z.B. Recht auf Bildung, Gleichbehandlung, freie Berufswahl und Entfaltungsmöglichkeiten), die weithin als universell betrachtet werden. Diese bilden häufig einen Grund- bzw. Minimalkonsens, auf dem zusätzliche Definitionen des Entwicklungsbegriffes aufbauen (Ihne/Wilhelm 2006:3). Andere Vorstellungen, was unter Entwicklung zu verstehen ist, umfassen u.a. folgende Konzepte bzw. Theorien: „Nachholende Entwicklung", „Grundbedürfnis- und Menschenrechtsorientierte Entwick-

3 1998 erhielt Amartya Sen, Wirtschaftswissenschaftler mit Lehrstuhl an der Harvard University, den Nobelpreis für Wirtschaftswissenschaften für seine Beiträge und Arbeit auf dem Gebiet der Wohlfahrtsökonomie.

lung", „Nachhaltige Entwicklung", „Entwicklung als Entfaltung von Fähigkeiten" und „Gesellschaftliche Entwicklung".[4]

Den meisten Definitionen der Begriffe EZ, EH und EP sind drei zentrale Merkmale gemeinsam: Die Umsetzung erfolgt im Rahmen internationaler Kooperationen; übergreifende Zielsetzung ist primär die wirtschaftliche und soziale Entwicklung von armen Ländern; praktisch findet bei der Durchführung ein Ressourcentransfer, i.d.R. von reicheren hin zu ärmeren Kooperationspartnern statt (vgl. Rauch 2009:12).

Unter EP allgemein ist

> die Summe aller Mittel und Maßnahmen zu verstehen, die von Entwicklungsländern und Industrieländern eingesetzt und ergriffen werden, um die wirtschaftliche und soziale Entwicklung der Entwicklungsländer zu fördern, d.h. die Lebensbedingungen der Bevölkerung in den Entwicklungsländern zu verbessern. (Nohlen 2000:224).

Unter EZ sind die einzelnen Mittel und Maßnahmen zu verstehen, die mit dem bereits oben erwähnten Ressourcentransfer zwischen Industrieländern (IL) und Entwicklungsländern (EL) verbunden sind. Die Bezeichnung „Entwicklungszusammenarbeit" wurde v.a. im politischen Bereich gewählt, um den Begriff der „öffentlichen Entwicklungshilfe", bei dem monetäre Transferleistungen im Vordergrund stehen, überwiegend zu ersetzen und somit den Charakter der Kooperation im Sinne geteilter Verantwortung und Beteiligung (zwischen IL und EL) in der EZ zu betonen (vgl. Rauch 2009:12).

Der Begriff der „Entwicklungshilfe" hat sich schon vor Jahrzehnten im allgemeinen Sprachgebrauch durchgesetzt und behauptet. Die Bezeichnung entstammt einer Übersetzung aus dem Englischen. Das *Development Assistance Committee* (DAC), dem Entwicklungsausschuss der *Organization for Economic Cooperation and Development* (OECD) definierte *Official Development Assistance* (ODA). Dies wurde als „öffentliche Entwicklungshilfe" ins Deutsche übersetzt und fand vereinfacht als EH Eingang in den allgemeinen Sprachgebrauch. EZ und EH werden in dieser Arbeit synonym verwandt.

Ähnlich unterschiedlich und kontrovers diskutiert wie der Entwicklungsbegriff werden die Definitionen für Armut, denen ebenfalls normative Wertvorstellungen zu Grunde liegen. Dabei stehen ökonomische und menschliche Dimensionen im Mittelpunkt, die Einkommen, Kon-

4 Eine gute Übersicht und Zusammenfassung dieser Punkte gibt Rauch (2009:34f.). Ausführlicher wird dies von Nuscheler (2005:Kapitel 3) behandelt.

summöglichkeiten, Bildung, Gesundheit und Ernährung betreffen. Darüber hinaus sind politische, schutzbezogene und soziokulturelle Dimensionen zu berücksichtigen, die insgesamt interdependent sind (vgl. Durth/Körner/Michaelowa 2002:7-11). Dies lässt an die Maslowsche Bedürfnispyramide denken, die ähnliche Inhalte aufweist.

Während unter Armut allgemein ein Mangel an Lebensnotwendigem zu verstehen ist, wird im Rahmen der EP grundsätzlich zwischen absoluter Armut und relativer Armut unterschieden. Diese Dichotomie führte der ehemalige Weltbankpräsident Robert McNamara bei seiner berühmt gewordenen Nairobi-Rede ein. Absolute Armut wird dort folgendermaßen beschrieben: „...absolute poverty is a condition of life so degraded by disease, illiteracy, malnutrition, and squalor as to deny its victims basic human necessities. ..." (McNamara 1973:3). Absolute Armut ist also ein Zustand, in dem selbst grundlegend(st)e menschliche Bedürfnisse nicht befriedigt werden. Wird das Einkommensniveau als Bemessungsgrundlage herangezogen, um diese Bedürfnisse befriedigen zu können, wird i.d.R. von der durch die Weltbank (WB) definierten absoluten Armutsgrenze gesprochen, die zurzeit bei 1,25 US-Dollar (USD) pro Tag liegt.[5] Zusätzlich definieren auch Regierungen nationale Armutsgrenzen, die unterschiedlich ausfallen (vgl. Abbildung 4.2). Andere Institutionen ziehen alternative Indikatoren heran. So ist für die Welternährungsorganisation (FAO) u.a. ein ernährungswissenschaftlicher Indikator wichtig, bei dem insbesondere die zur Verfügung stehenden Kalorien eine Rolle spielen, die die Erlangung eines Körpergewichts ohne gravierende Mangelerscheinungen und entsprechende gesundheitliche Folgen ermöglichen. Ein großes Problem ist, dass keine Definition alle Dimensionen von Armut einschließt und somit immer wichtige Defizite unbeachtet bleiben oder vernachlässigt werden. Auf der anderen Seite ist festzuhalten, dass ein Ansatzpunkt bestehen muss, um helfen zu können. Das ist in vielerlei Hinsicht der ökonomische Ansatz. Eine hauptsächlich auf monetäre Indikatoren gestützte Definition, wie sie häufig von der WB benutzt wird, ist mit entsprechender Zielrichtung nachvollziehbar und sinnvoll.

---

5 Die WB bezeichnet die Menschen als absolut arm, denen pro Tag weniger als 1,25 USD (in Kaufkraftparität) zur Verfügung stehen, um damit menschliche Grundbedürfnisse (v.a. Nahrung, Wohnung, Kleidung) zu finanzieren. Relative Armut wird i.d.R. als Lebenslage bezeichnet, in der jemand im Vergleich zum allgemeinen Wohlstandsniveau bzw. Einkommen, weniger als 50-60% des Durchschnittseinkommens zur Verfügung hat. Am gängigsten sind diesbezüglich Definitionen der WB, die oftmals von Regierungen und Institutionen (z.B. EU) übernommen werden.

Auch die Einteilung der Staaten in EL und IL steht in ihrer Problematik in einer Reihe mit den Definitionen von Entwicklung und Armut und sind mit diesen interdependent. Schon die Bezeichnung „Industrieland" im Gegensatz zu „Entwicklungsland" verdeutlicht die weitläufige Meinung, dass Entwicklung mit Industrialisierung gleichzusetzen sei. Wohlstandsindikatoren werden in diesem Sinne wiederum hauptsächlich durch die Wirtschaftskraft bzw. Produktivität ausgedrückt, was z.B. durch das Wachstum des Bruttoinlandsprodukts (BIP) oder als Pro-Kopf-Einkommen (PKE) gemessen wird. Zu beachten ist hier, dass das BIP nur relativ bedingt als Indikator für Entwicklung herangezogen werden kann.[6] Letztlich wird mit dem BIP der Gesamtwert aller Güter (Waren und Dienstleistungen) angegeben, die binnen eines Jahres innerhalb der Landesgrenzen einer Volkswirtschaft hergestellt wurden und dem Endverbrauch dienen. Etwas aussagekräftiger, wenn auch immer noch mit viel Kritik konfrontiert, ist das BIP pro Kopf. Dies hat jedoch den Nachteil, dass im Inland lebende und arbeitende Ausländer einbezogen werden (und umgekehrt im Ausland lebende Inländer nicht). Daher wird im entwicklungspolitischen Kontext häufiger das Bruttonationaleinkommen (*Gross National Income*, GNI) pro Kopf verwendet. Das PKE ist das Volkseinkommen dividiert durch die Bevölkerungsanzahl.[7] Da diese Maße unterschiedliche Währungen beinhalten, werden die Angaben i.d.R. in USD umgerechnet. Um die Kaufkraft der Währungen in den verschiedenen Ländern zu berücksichtigen, wird diese einbezogen und die Indikatoren als kaufkraftbereinigt (oder als Maß in Kaufkraftparitäten, bzw. *purchasing power parity*, PPP) bezeichnet. Dies lässt zumindest ansatzweise internationale Vergleiche zu. Kritikpunkte an diesen Indikatoren sind u.a., dass sie nicht beinhalten, ob Geld für sinnvolle Zwecke genutzt wird oder etwa Externalitäten wie Umweltschäden nicht berücksichtigt werden. Was ein sinnvoller Zweck ist, unterliegt jedoch normativen Definitionen. Auch andere Bereiche, wie private Hausarbeit, Kindererziehung, Schattenwirtschaft, Schwarzarbeit oder

---

6 Auch wenn es ohne BIP als Indikator bzw. Teil eines Indikators ebenfalls schwierig wird Vergleiche und Untersuchungen anzustellen.

7 Das Bruttonationaleinkommen errechnet sich durch das BIP minus an Ausländer im Inland gezahlte Einkommen plus das Einkommen von Inländern im Ausland. Außerdem wendet die WB für ihre GNI pro Kopf-Berechnungen die sog. Atlasmethode an, die Wechselkursschwankungen der Weltwirtschaft (der jeweils letzten drei Jahre) sowie durchschnittlich gewichtete Inflation bei den Währungen berücksichtigt. Das Volkseinkommen lässt sich folgendermaßen ermitteln: BIP zu Marktpreisen minus der Einkommen von Ausländern im Inland plus Einkommen von Inländern im Ausland minus Abschreibungen minus Gütersteuer plus Gütersubventionen.

Tauschhandel fließen nicht in diese Bemessungen ein. Darüber hinaus existieren zwar Indikatoren, bei denen versucht wird entsprechende Faktoren einzubauen, wodurch aber eine Berechnung wiederum ungenau wird. In dieser Arbeit werden Daten zum PKE als GNI pro-Kopf nach der Atlas-Methode bei WB-Daten benutzt.

1997 wurden erstmals die *World Development Indicators* (WDI) veröffentlicht. Diese bilden eine Ansammlung von mehreren hundert unterschiedlichen Indikatoren, die verschiedene Daten zur Entwicklung in nahezu allen Ländern wiedergeben sollen.[8] Im Laufe der Zeit sind immer wieder neue Indikatoren hinzu gekommen, was positive wie auch negative Aspekte mit sich bringt. Aufgrund der Komplexität des ganzen Themenfeldes, kann nicht ein spezieller „Überindikator" zur Einschätzung des Entwicklungsgrades eines Landes herangezogen werden. China ist dafür auf mehreren Ebenen ein ausgezeichnetes Beispiel. Zudem sind diese Indikatoren seither auch der Öffentlichkeit zugänglich, was ebenfalls als Fortschritt einzuordnen ist. Die Menge an Indikatoren kann andererseits eine verwirrende Wirkung haben, wenn nicht ausdrücklich auf die benutzten Daten hingewiesen und zu anderen verwendeten Darstellungen abgegrenzt wird.

EL werden noch immer häufig mit dem Begriff „Dritte Welt" gleichgesetzt. Der Terminus entstammt der Zeit des Kalten Krieges, genauer aus den 1950er Jahren.[9] 1961/1962 erfolgte eine Definition bzw. Einteilung von den Vereinten Nationen (*United Nations*, UN) durch den *Economic and Social Council* (ECOSOC), dem Wirtschafts- und Sozialrat der UN. Dabei bezeichnete die „Erste Welt", Länder, deren Volkswirtschaft (VW) überwiegend marktorientiert war. Unter „Zweiter Welt" wurden Staaten zusammengefasst, deren VW v.a. zentral geplant und sozialistisch war. Als „Dritte Welt" wurden Länder bezeichnet, deren VW hauptsächlich durch Realtausch gekennzeichnet war (vgl. BMZ 1988:263, zit. nach: Lachmann 2004:15f.). Dabei fiel auf, dass industrialisierte Länder im Norden und EL überwiegend im Süden der Erde liegen, wodurch sich weitere in der EP genutzte Bezeichnungen ergaben, z.B. „Nord-Süd-Gefälle", „Länder des Nordens bzw. Südens" oder „Süd-Süd-Kooperation". Seit 1990 wird diese Klassifizierung im Rahmen der UN

8 Die 2010 von der WB veröffentlichten WDI umfassen mehr als 900 Indikatoren aus zahlreichen entwicklungspolitisch relevanten Bereichen. Vgl. dazu auch: entwicklungspolitk online (2010).

9 Der französische Ethnologe Alfred Sauvy benutzte 1952 in Anlehnung an die Bezeichnung „Dritter Stand" erstmals den Begriff der dritten Welt. Vgl. hierzu auch Brautigam (2009:30).

nicht mehr benutzt, da die UN seither nur noch zwischen IL und EL unterscheidet (Lachmann 2004:16).

Um EL besser vergleichen zu können, werden diese von verschiedenen internationalen Organisationen (v.a. UN, WB, und DAC der OECD) in Untergruppen eingeteilt, deren Bezeichnungen sich in einigen Fällen unterscheiden und in anderen gleichen. Teilweise werden die Begriffe von anderen Organisationen und Ländern für ihre entwicklungspolitischen Aktivitäten als Kategorisierungskriterium übernommen. Bei der Unterteilung werden verschiedene Kriterien herangezogen, die häufig in unterschiedlichen Indizes münden, womit andere Listen erstellt werden. Die prominentesten Bezeichnungen beruhen auf den Einteilungen der UN, der WB und des DAC. Das *Committee for Development Policy* der UN definiert die ärmsten Länder der Welt als *Least Developed Countries* (LDCs)[10]. Hauptkriterium für diese Einstufung ist der *Human Development Index* (HDI)[11]. In den HDI fließen neben dem PKE auch Lebenserwartung, Bildungsgrad bzw. -niveau (anhand von Alphabetisierungs- und Einschulungsrate) ein. Die WB hingegen zieht für die Einteilung überwiegend das PKE als Kriterium heran.[12] Das DAC verwendet sowohl UN- als auch WB-Kategorien.

Die Einteilung von EL in unterschiedliche Kategorien bezeichnet Lachmann (2004:18) als „…politisch, empirisch nicht überprüfbar und Ausdruck der Willkür." Zu erkennen ist dies z.B. daran, dass manche Länder von unterschiedlichen Organisationen verschiedenen Kategorien zugeordnet werden, je nach politischer Zielsetzung der Organisationen oder der politischen Agenda einzelner Staaten. Beispiele hierfür sind Indien und China, Länder die enorme Erfolge v.a. bei der ökonomischen Entwicklung vorweisen können, aber in vielerlei Hinsicht noch Handlungsbedarf haben und sich auch teilweise selbst in bestimmten Situationen als EL bezeichnen, wenn dies für sie vorteilhaft ist. Eine Klassifizierung der EL in diesem Sinne ist allerdings recht schwierig und folglich oft uneinheitlich.

Das DAC erstellt alle drei Jahre eine Liste mit EL die ODA erhalten. Hier werden einerseits die ärmsten Länder genannt, übernommen aus den

---

10 Diese beinhalten weitere Untergruppen, wie die Länder ohne Zugang zum Meer (*Landlocked Developing Countries*, LLDCs, oder kleine Inselstaaten (*Small Islands Developing States*, SIDS).

11 HDI-Ranglisten werden jährlich im *Human Development Report* vom Entwicklungsprogramm der UN veröffentlicht.

12 Genau genommen dient hier derzeit das GNI pro Kopf und Jahr bezogen auf USD-Preise von 2005 (USD, PPP) als Kriterium. Eine genauere Darstellung der Klassifizierungen der WB erfolgt in Kapitel 3.

Aufstellungen der LDCs der UN. Diese werden ergänzt durch Länder aus WB-Einteilungen. Die Aufnahme in die DAC-Liste qualifiziert die betroffenen Länder für den Erhalt von ODA.[13] Das deutsche Bundesministerium für wirtschaftliche Zusammenarbeit und Entwicklung (BMZ) orientiert sich ebenso wie die Europäische Union (EU) an dieser DAC-Liste. Jedoch erhalten nicht alle dort aufgeführten Staaten EH. Andererseits werden von EU und BMZ sog. AKP-Staaten (Gruppe der afrikanischen, karibischen und pazifischen Staaten) unterstützt. Diese Gruppe umfasst überwiegend Staaten, die eine mit Ländern der EU verbundene Kolonialvergangenheit haben.[14]

Im entwicklungspolitischen Kontext taucht zudem immer wieder der Begriff „Schwellenland" auf, der im Englischen überwiegend mit *take-off-countries* oder *newly-industrialized-countries* bezeichnet wird und EL beschreibt, die bereits relativ fortgeschritten bzw. entwickelt sind und nicht mehr alle typischen Merkmale eines EL aufweisen (Lachmann 2004:22). Da „fortgeschritten" und „entwickelt" normative Begriffe sind, gibt es ebenfalls unterschiedliche Auffassungen davon, welche Länder als Schwellenländer gelten.

1.2 Aufgaben, Ziele und Motive der Entwicklungszusammenarbeit/ Entwicklungshilfe/Entwicklungspolitik

Die Aufgaben von EP und EZ ergeben sich aus den Zielen und den dahinterstehenden Motiven. Grundsätzliche Aufgaben der EP sind die Entwicklung von Strategien, um die Ziele der EP und der EZ zu erreichen. Darüber hinaus müssen dafür entsprechende Arbeitsstrukturen (z.B. Gipfel oder Konferenzen) geschaffen und Instrumente erarbeitet und bereit gestellt werden. Zudem sollten durch Analysen, Diskussionen und Kontrollen die vorgeschlagenen bzw. praktizierten Strategien, Rahmenbedingungen und Instrumente kritisch hinterfragt, aktualisiert und ggf. optimiert werden. Nicht zuletzt kommt der EP die Aufgabe zu, v.a.

---

13 ODA bedeutet nach Definition des DAC der OECD finanzielle Hilfe in Form von Zuschüssen oder Krediten mit einem Mindestanteil von 25% als Zuschuss von öffentlichen Stellen für die wirtschaftliche und soziale Entwicklung des Empfängerlandes. Vgl. dazu OECD (2008:9).

14 Hier zu erwähnen sind v.a. das Lomé-Abkommen (1975) zwischen EU und AKP-Staaten und dessen Nachfolgeabkommen, das Contenou-Abkommen (2000). Beides sind stark entwicklungspolitisch geprägte Handelsabkommen, wobei insbesondere vergünstigte Zollabkommen zwischen EU und AKP-Staaten vereinbart wurden. Im Contenou-Abkommen wurden auch weitere Aspekte wie z.B. EP und Menschenrechte berücksichtigt.

international für Koordinierung, Austausch und Kohärenz zu anderen Politikbereichen einzutreten. Aufgabe der EZ ist es EP praktisch umzusetzen (vgl. auch Ihne/Wilhelm 2006:30-35).

Bei den Zielen sind offizielle, meist normative Ziele auszumachen. Dahinter stehen allerdings überwiegend Motive mit weiteren Zielen, i.d.R. politische Eigeninteressen (Rauch 2009:22f.). Die offiziellen Zielsetzungen lassen sich aus diversen Definitionen für EH/EZ und EP entnehmen. Im Mittelpunkt steht hier länder- und organisationsübergreifend seit Beginn des neuen Jahrtausends die Erreichung der *Millennium Development Goals* (MDG) aus dem Jahre 2001. Die MDG umfassen folgende acht Ziele (vgl. BMZ 2010:3):

1. Armut und Hunger beseitigen;
2. Grundbildung für alle Kinder verwirklichen;
3. Gleichstellung der Geschlechter fördern und die Rechte und den Einfluss der Frauen stärken;
4. Die Kindersterblichkeit senken;
5. Die Gesundheit von Müttern verbessern;
6. HIV/AIDS, Malaria und andere übertragbare Krankheiten bekämpfen;
7. Schutz der Umwelt verbessern;
8. Eine weltweite Entwicklungspartnerschaft aufbauen.

Diese recht allgemein gehaltenen Ziele werden durch konkretere Zielvorgaben und dazugehörige Indikatoren zur Einschätzung des Erfolges ergänzt. Allerdings sind die MDG reine Absichtserklärungen und bilden kein völkerrechtlich bindendes Abkommen. Deutlich wird dies bei der kritischen Analyse der hinsichtlich der MDG erreichten Fortschritte. So basieren manche der bisher erreichten Ergebnisse auf unterschiedlichen bzw. geänderten Definitionen oder Indikatoren und insbesondere auf den Entwicklungserfolgen von China und Indien.

In der EP sind grundsätzlich zwei Arten von Motiven zu erkennen: Moralische und pragmatische Motive (vgl. Ihne/Wilhelm 2006:8). Dabei sind die o.g. offiziellen Ziele meist den moralischen Motiven zuzuordnen. Die reichen Länder fühlen sich zum Teil aus ethischen Gründen verpflichtet, Hilfe zu leisten. Der entsprechende Hintergrund jedoch kann variieren. Beispielsweise kann dies bei einigen europäischen Staaten eine Art „Wiedergutmachung“ für Repressalien und Unterdrückung in deren Kolonien sein, oder wie im Falle Deutschlands u.a. die empfangene Solidarität nach dem zweiten Weltkrieg (z.B. Marshall-Plan) oder allgemein das Bewusstsein, dass besonders die reichen Länder von der Globalisierung oftmals auf Kosten der armen Länder profitierten. Pragmatische Motive haben ebenso vielfältige Hintergründe, die sich meist nach dem tagespolitischen Geschehen richten.

Das BMZ (2010:6) beschreibt z.B. seine Zielsetzungen derzeit wie folgt:

> Die deutsche Entwicklungszusammenarbeit konzentriert sich auf die Bereiche Bildung, Gesundheit, ländliche Entwicklung, gute Regierungsführung, Klimaschutz und nachhaltige wirtschaftliche Entwicklung. Leitprinzip ist dabei der Schutz der Menschenrechte.

Hinter den genannten offiziellen Zielen stehen somit immer auch Eigeninteressen einzelner Staaten, Bündnisse und Organisationen. Dazu gehören v.a. die Möglichkeiten durch EP und EZ politische (und seit dem 09.11.2001 wieder verstärkt sicherheitspolitische) Einflussnahme auszuüben und wirtschaftliche Interessen zu verfolgen. Deutlich erkennbar ist dies an den Zahlen, die beispielsweise vom BMZ veröffentlicht werden. Laut BMZ (2010:2) werden durch EZ in Deutschland 140.000 Arbeitsplätze geschaffen. Jeder Euro an EH erhöht demnach den deutschen Export um 1,80 Euro. Darüber hinaus sollen so neue Märkte erschlossen werden. Hieran sind weitere wirtschaftliche und politische Interessen gebunden.[15]

Festzuhalten bleibt, dass die Ziele verschiedener Interessensvertreter, die Einfluss auf EP und EZ haben, häufig den eigentlichen Zielen von EP und EZ sowie den Interessen der EL gegenläufig sind. Das hat wiederum zur Folge, dass mögliche Erfolge von anderen politischen Zielsetzungen der IL schon im Keim erstickt werden, andererseits Erfolge einzelner Projekte im Großen wieder zunichte gemacht werden. Als eines von vielen Beispielen, die das verdeutlichen, soll hier Ghana dienen. Dort stieg zu Anfang des Jahrtausends mit deutscher EZ die Eigenproduktion von Hühnerfleisch auf 85%. Dieser Erfolg wurde jedoch von der europäischen Handelspolitik untergraben, die Ghana dazu zwang, Importzölle zum Schutz der nationalen Hühnerproduktion abzubauen. Resultat war, dass EU-subventioniertes Hühnerfleisch billiger war, und schon bald 95% des Bedarfs an Hühnerfleisch aus der EU importiert wurde (vgl. Rauch 2009:90f.).

15 Gerade dies ist ein Kritikpunkt an der EZ – dass nämlich die finanziellen Mittel der EZ oftmals an Lieferverbindlichkeiten mit den Geberländern verknüpft sind (*tied aid*) und so ein Großteil der Gelder wieder in die Geberländer zurück fließt, oder entsprechende Arbeitsplätze mit Menschen und Experten aus den Geberländern besetzt werden, anstatt so mehr Arbeit in den EL selbst zu schaffen.

Gerade die Interdependenzen zu anderen Politikbereichen führen zu Forderungen wie der von Rauch (2009: 83), dass zukünftige Lösungen entwicklungspolitischer Problemstellungen und Herausforderungen in einem „multidimensionalem Mehr-Ebenen-Ansatz" liegen würden. Ähnlich zu verstehen ist das „entwicklungspolitische Hexagon" nach Nuscheler (2005:246f.), das v.a. die Punkte Wachstum, Umweltschutz, soziale Gerechtigkeit, Arbeit, *Ownership* (selbstbestimmte Entwicklung) und Good Governance/Partizipation in der EP/EZ als essenziell bezeichnet. Alle genannten Punkte sollen dabei dem Leitmotiv der Nachhaltigkeit unterliegen.[16]

1.3 Formen, Akteure und Historie der Entwicklungszusammenarbeit

Wird im Zusammenhang mit EZ und EP die Frage gestellt, woran es den EL fehlt und welche Ressourcen am besten dazu beitragen könnten, wirtschaftliche und soziale Entwicklung zu unterstützen, sind die häufigsten Antworten: Geld und Fähigkeiten bzw. Wissen (Rauch 2009: 39f.). Geht man bei der EZ definitorisch von einem Ressourcentransfer aus, kann hier grundsätzlich nach der Art eines solchen Transfers unterschieden werden. Üblicherweise wird zwischen finanzieller Zusammenarbeit (FZ) und technischer Zusammenarbeit (TZ) differenziert.

Im Rahmen der FZ werden i.d.R. Kredite zu vergünstigten Konditionen (im Vergleich zum Geldmarkt) angeboten. Diese Vergünstigungen können z.B. als geringerer Zinssatz, längere tilgungsfreie oder -reduzierte Laufzeit oder als Zuschuss-Anteil (der nicht rückzahlbar ist) unterschiedliche Formen annehmen. Ärmste Länder (LDCs) erhalten häufig reine Zuschüsse (*grants*). Zuschüsse müssen allerdings nicht unbedingt in finanzieller Form erfolgen, sondern können auch als Materialhilfe kostenlos zur Verfügung gestellte werden.

TZ soll „… das Leistungsvermögen von Menschen und Institutionen in Entwicklungsländern […] stärken." (Nuscheler 2005: 471) Dies findet in verschiedener Form statt. Beispielsweise werden Fachkräfte, Berater oder Ausbilder in die EL geschickt, Stipendien zur Ausbildung von einheimischen Fach- und Führungskräften in IL vergeben oder Baumaßnahmen von z.B. Krankenhäusern oder Schulen durchgeführt.

16 Das „entwicklungspolitische Hexagon" basiert auf dem „zivilisatorischen Hexagon" von Dieter Senghaas (1994) und verbindet dessen Elemente mit denen des „magischen Fünfecks" von Nohlen/Nuscheler (1992: 73).

Desweiteren ist zwischen bilateraler und multilateraler Zusammenarbeit zu unterscheiden, wobei multilaterale EZ i.d.R. über internationale Organisationen läuft. Außerdem wird zwischen staatlicher und nichtstaatlicher Zusammenarbeit differenziert. Die staatliche EZ wird zum größten Teil über öffentliche Stellen, wie z.B. in Deutschland über das BMZ oder deren Organisationen, z.B. der Kreditanstalt für Wiederaufbau oder die Deutsche Gesellschaft für internationale Zusammenarbeit, abgewickelt. Nicht-staatliche Kooperationen erfolgen durch Nichtregierungsorganisationen (*Non-Governmental Organizations*, NGOs), konfessionelle Einrichtungen (z.B. Caritas, Brot für die Welt), privatwirtschaftliche Stiftungen (z.B. *The Bill & Melinda Gates Foundation*) oder spendenabhängige, karitative Organisationen (wie die Deutsche Welthungerhilfe oder Oxfam). Erwähnenswert sind zudem Kooperationen im privatwirtschaftlichen Sektor, insbesondere von großen internationalen Firmen (sog. Multis), die inzwischen einen relativ großen Anteil der EZ einnehmen, aber auch stark in der Kritik stehen.[17]

Auch bei den Akteuren der EP/EZ ist es sinnvoll zwischen nationalen und internationalen bzw. multinationalen sowie staatlichen und privaten Trägern zu unterscheiden. Die enorme Masse an beteiligten Akteuren macht es unmöglich, alle an dieser Stelle zu behandeln. Daher sollen nur die wichtigsten genannt werden. Auf nationaler Seite sind das vorrangig die entsprechenden Ministerien. Teilweise bestehen eigene Ministerien, wie etwa in Deutschland (BMZ) und Großbritannien (*Department for International Development*). In anderen Staaten fallen EP und EZ in den Bereich anderer Ministerien, wie z.B. in den Vereinigten Staaten von Amerika (USA) dem Außenministerium oder in China dem Handelsministerium (*Ministry of Commerce*, MOFCOM). Den meisten Ländern gemeinsam ist dabei eine Unterstruktur mit regierungseigenen oder -nahen Organisationen, die für die Durchführung der EZ zuständig sind. Allerdings ist zu beobachten, dass weitere Ministerien großen Einfluss auf die EP haben. In Deutschland z.B. haben fast alle anderen Ministerien Personal, das für internationale und entwicklungspolitische Fragen zuständig ist (z.B. Auswärtiges Amt, Innenministerium, Umweltministerium). Diese stehen in Kontakt und teilweise sogar in Konkurrenz (um Haushaltsmittel und Einfluss) zum BMZ. Auch diese Tatsache findet sich in vielen Staaten, u.a. in China (vgl. auch Brautigam 2009: 111).

Bei den multilateralen Organisationen seien an erster Stelle die UN erwähnt, die nach eigenen Angaben einen Großteil ihrer Ressourcen darauf verwenden, „to promote higher standards of living, full

17 Dies erfolgt meist über ausländische Direktinvestitionen in EL oder über sog. Public-Private-Partnership-Programme.

employment, and conditions of economic and social progress and development" (vgl. United Nations o.J.). Dies ist natürlich keine sehr detaillierte Zielformulierung, aber immerhin ein Grundkonsens von 192 Mitgliedstaaten, in dessen Rahmen auch die MDG erarbeitet wurden. Darüber hinaus existieren eine Reihe UN-geführter Programme, Unterorganisationen und Sonderorganisationen, die sich in unterschiedlichen Formen speziellen Aspekten von EP und EZ widmen. Einige der wichtigsten Sonderorganisationen der UN sind: FAO, *International Labor Oragnization* (ILO), *United Nations Educational, Scientific and Cultural Organization* (UNESCO), *United Nations Industrial Development Organization* (UNIDO) und *World Health Organization* (WHO). Herausragende, entwicklungspolitisch relevante Programme und Fonds sind z.B. die *United Nations Conference on Trade and Development* (UNCTAD), das *United Nations Development Program* (UNDP), der *United Nations Human Rights Council* (UNHRC), der *United Nations International Children's Emergency Fund* (UNICEF) und das *World Food Program* (WFP).[18] Diese große Breite an Aktivitäten seitens der UN sollte eigentlich besonders in den Bereichen Wirtschafts- und Sozialpolitik vom ECOSOC koordiniert werden. Ziel dieses Gremiums sollte eine äquivalente Behandlung entwicklungspolitischer Fragen analog zum Sicherheitsrat sein. Aufgrund mangelnder Ausstattung mit Macht und Rechten ist dies aber nicht verwirklicht worden.

Ansonsten sind auf multinationaler Ebene v.a. die beiden sog. Bretton-Woods Institutionen WB und Internationaler Währungsfonds (*International Monetary Fund*, IMF) zu erwähnen. Sie gelten als die wichtigsten und mächtigsten internationalen Organisationen und Institutionen der EP/EZ. In diesem Zusammenhang ist auch die Welthandelsorganisation (*World Trade Organisation*, WTO) zu nennen, die im Rahmen der Globalisierung zunehmend an entwicklungspolitischer Bedeutung gewinnt.[19] Erwähnenswert ist auch die OECD. Deren Ausschuss für Entwicklungshilfe (*Development Assistance Committee*, DAC) hat mit der Definition der

18 Eine umfassendere Auflistung von Programmen und Fonds liefert Nuscheler (2005:511).

19 Die WTO wurde 1994/1995 als Organisation gegründet und war sozusagen die Nachfolge des GATT (*General Agreement on Tariffs and Trade*). Dieses 1947 im Bretton Woods-Rahmen abgeschlossene Abkommen sollte Grundlage einer dritten Bretton Woods-Institution, der Internationalen Handelsorganisation, bilden. Diese kam jedoch nicht zustande. Die entwicklungspolitische Relevanz der WTO wurde deutlich, als die Gruppe der EL sog. Entwicklungsrunden, speziell die „Doha-Runde" wiederholt zum Scheitern brachte, da die EL Auflagen der IL nicht akzeptieren wollten bzw. deren Zugeständnisse als nicht ausreichend empfanden.

ODA eine Möglichkeit geschaffen, zumindest im finanziellen Rahmen EZ international vergleichbarer zu machen. In diesem Sinne ist auch das in der UN vereinbarte sog. 0,7%-Ziel (schon in den 1970er Jahren) entstanden. Das Ziel besagt, dass jedes IL jährlich 0,7% des eigenen BIPs als ODA bereitstellen sollte. Die meisten Länder, mit einigen wenigen Ausnahmen, sind nach wie vor weit von diesem Ziel entfernt, obwohl es immer wieder vorgegeben und bestätigt wird. Letztlich sei noch die EU als einer der wichtigsten Akteure der EP und EZ erwähnt, die ihrerseits eigene Entwicklungsfonds und -institutionen hat und gemeinsam mit den nationalen Mitgliedstaaten der wichtigste Geber ist (mehr als die Hälfte der weltweiten ODA).

Von EP, EZ bzw. EH im heutigen Verständnis kann erst nach dem zweiten Weltkrieg gesprochen werden. Dabei unterlag die weltweite EP zeitbedingt unterschiedlichen Theorien und Paradigmen (meist vorgegeben durch WB und IMF), die hier nur kurz anhand sog. Entwicklungsdekaden erwähnt seien. Alternative Einteilungen existieren, die teilweise von den hier vorgestellten abweichen, da sie wiederum auf anderen Theorien beruhen.[20]

Die erste Entwicklungsdekade (1961-1970) stand unter dem Leitmotiv Entwicklung durch Wachstum. Wirtschaftliches Wachstum sollte gefördert werden und zur Modernisierung, Entwicklung und stärkerer Einbeziehung in die Weltwirtschaft führen.

Die zweite Entwicklungsdekade (1971-1980) stellte die Grundbedürfnis-

befriedigung der ärmsten Menschen in den Mittelpunkt.

Die dritte Dekade (1981-1991) ist weithin bekannt als das „verlorene Jahrzehnt" und stand im Zeichen der immensen Verschuldung der EL, aufgrund von Ölkrisen und der Tatsache, dass Kredite an die EL fast ausschließlich in USD vergeben wurden.

In der vierten Dekade (1991-2000) rückte die Prämisse einer nachhaltigen Entwicklung und Hilfe zur Selbsthilfe in den Mittelpunkt entwicklungspolitischer Bemühungen.

Die Terroranschläge vom 09.11.2001 prägten maßgeblich die fünfte Entwicklungsdekade (2001-2010), bei der globale menschliche Sicherheit im Blickpunkt stand. Auch schwere Naturkatastrophen haben seit dieser Zeit vermehrt Aufmerksamkeit geweckt. (Vgl. Ihne/Wilhelm 2006: 12).

20 Z.B. die Darstellung von Menzel (2005). Zusammengefasst führt er die Formationsphase (1940er Jahre), die Pionierphase (1950er Jahre), drei Entwicklungsdekaden (von 1960 bis 1980er Jahre), das verlorene Jahrzehnt (1990er Jahre) und die Krisendekade (2000er Jahre) an.

Aktuell wird, neben dem immer noch sehr wichtigen sicherheitspolitischen Aspekt, auch der Umweltschutz und die Erreichung (bzw. Nicht-Erreichung) der MDG immer mehr ins Zentrum gerückt. Daher ist anzunehmen, dass die aktuelle Entwicklungsdekade (ab 2010/2011) v.a. durch Ergebnisse bei den MDG, den Klimagipfel und -konferenzen sowie dem Sicherheitsaspekt geprägt werden wird.

2 Entwicklungszusammenarbeit mit China

2.1 Historische Entwicklung bis zur Reform- und Öffnungspolitik

China war über Jahrhunderte dominierend in der Welt bezüglich der Produktion von Gütern. Doch auch darüber hinaus, etwa im kulturellen Bereich, im Staatswesen oder in der Technologie war China dem Westen teilweise Jahrhunderte voraus. Dies belegen Erfindungen wie der Kompass, Papier, Schwarzpulver, Porzellan, hochseetaugliche Schiffe oder die frühe Entstehung einer Schrift. So ist es nicht weiter verwunderlich, dass China sich über lange Zeit kulturell und wissenschaftlich als Zentrum der Welt sowie als Wiege der Zivilisation, als „Reich der Mitte" (*Zhongguo* 中国) betrachtete. Es bestand kein bzw. geringes Interesse, Handel mit anderen Ländern zu betreiben, denn China hatte alles was es brauchte. Der Drang, geographisch zu expandieren, bestand kaum. Die Neugier, Unbekanntes zu entdecken, die Suche nach neuen Rohstoffquellen, der Wunsch das Territorium zu vergrößern und Handel zum eigenen Vorteil zu treiben, all die Dinge, die für die Europäer im ausgehenden Mittelalter Grund waren die Welt zu entdecken und für sich zu nutzen, fehlten zum größten Teil in China. Die Haltung, Zentrum der Welt und allen anderen Ländern in jeglichen Belangen überlegen zu sein, führte u.a. dazu, dass China sich in großem Ausmaß von der Außenwelt abschottete. Das wiederum war einer der Gründe für die Unterschätzung der westlichen Länder. Diese wollten ihrerseits im 19. Jahrhundert verstärkt ihre Interessen in Asien und speziell in China behaupten und, eskalierend in den Opiumkriegen (1. Opiumkrieg: 1839-1842; 2. Opiumkrieg oder Arrow-Krieg: 1856-1860), mit Gewalt durchsetzten. Die für die Chinesen sehr schmerzhaften Erfahrungen dieser Zeit erklären teilweise die spätere Abschottung der Volksrepublik. Eine zentrale Rolle spielten dabei die sog. „ungleichen Verträge" (*Bu pingdeng tiaoyue* 不平等条约)[21]. Erst nach den beiden Opiumkriegen, weiteren militäri-

21 Schon die grassierende Opiumabhängigkeit vieler Chinesen, forciert durch die Engländer, stellte eine sehr schmerzhafte Entwicklung dar, welche im 1. Opiumkrieg 1839 noch verschärft wurden. Das erste als ungleicher Vertrag bezeichnete Abkommen wurde den Chinesen 1842 von den Engländern aufgezwungen (Vertrag von Nanjing). Hauptpunkte des Vertrages waren u.a. die Zwangsöffnung von Häfen zum Handel, Extraterritorialität für Ausländer, eine Meistbegünstigungsklausel, Reparationszahlungen in Höhe von 21 Millionen Silberdollar und die Annexion von Hong Kong durch Großbritannien. Es folgten weitere Verträge dieser Art. Weitere wichtige als ungleiche Verträge bezeichnete Abkommen waren z.B. der Vertrag von Shimonoseki mit Japan

schen Konflikten mit ausländischen Mächten, den Kämpfen mit Japan und dem Zusammenbruch des Kaisertums 1911, wurde China zumindest die technische und wirtschaftliche Unterlegenheit gegenüber dem Westen deutlicher.

Die „4. Mai-Bewegung" (*Wusi yundong* 五四运动) griff u.a. diese Rückständigkeit auf und machte sie zum Diskussionsgegenstand. Den Namen erhielt die Bewegung aufgrund antijapanischer und antiimperialistischer Proteste am 4. Mai 1919. Grund hierfür war v.a. die Übertragung der deutschen „Rechte" in Qingdao bzw. der Shandong-Halbinsel (insbesondere Jiaozhou) an Japan (Versailler Vertrag), anstatt sie an China zurück zu geben. Schon im Vorfeld war die 4. Mai-Bewegung seit etwa 1915 v.a. eine Bewegung der chinesischen Intellektuellen, die verschiedene Ursachen für die Rückständigkeit Chinas ausmachten. Es war mitunter eine nationalistisch-patriotische, antikoloniale Bewegung, eine soziale Bewegung, eine Modernisierungsbewegung, eine Kulturbewegung und eine literarische Reformbewegung.

Heberer (1994: 73f.) nennt diesbezüglich drei Grundhaltungen, die sich seinerzeit herausbildeten: Erstens eine ikonoklastische, die v.a. traditionelle Strukturen als Grund für die Rückständigkeit ausmachte und für Anregungen zur Modernisierung hauptsächlich nach Westen schaute. Zweitens eine synkretistische, die chinesische Tradition mit westlichen politischen Systemen verbinden wollte. Drittens eine traditionalistische, die alte Strukturen wiederherstellen wollte.

Nach dem zweiten chinesisch-japanischen Krieg 1937-45 und dem Bürgerkrieg um die Macht in China zwischen den Truppen der Kommunistischen Partei Chinas (KPCh) und den Truppen der Nationalen Volkspartei (*Guomindang* 国民党) unter Chiang Kai-shek (*Jiang Jieshi* 蒋介石), war China 1949 beim Ausruf der Volksrepublik (VR) eines der ärmsten Länder der Erde. Von der kommunistischen Führung um Mao Zedong wurde in Zusammenarbeit mit dem sowjetischen Russland der Sozialismus eingeführt. China und v.a. Mao legten den Schwerpunkt weniger auf die Entwicklung einer Arbeiterschaft in den Städten (wie in Sowjetrussland), sondern auf die Entwicklung der Landwirtschaft. Die Landbevölkerung hatte Mao letztendlich zur Macht verholfen, womit die Bauern in seinen Augen die Basis für den Sozialismus in China bildeten. Dies zeigte sich v.a. im „Großen Sprung nach vorne" (*Da yuejin* 大跃进), einem von Mao initiierten Wirtschaftsprogramm, mit dem Industrie und Landwirtschaft schnellstmöglich Anschluss an weiterentwickelte Länder

1895, die 21 Forderungen Japans von 1915 und der Versailler Friedensvertrag von 1919.

erhalten sollten. Das Programm war jedoch weitgehend erfolglos und gipfelte nach schlimmen Dürreperioden 1958-1961 sogar in verheerenden Hungersnöten. Verschiedenen Schätzungen zufolge forderten diese zwischen 15 und 40 Millionen Menschenleben. 1960 erfolgte der Bruch im sowjetisch-chinesischen Verhältnis, was China entwicklungstechnisch gesehen zurückwarf. Ebenso wirkten sich die Kulturrevolution und die internationale Isolierung auf Chinas Entwicklung aus. Erst mit Beginn der Reform- und Öffnungspolitik unter Deng Xiaoping Ende der 1970er Jahre, konnte mit der wirtschaftlichen Entwicklung auch eine Weiterentwicklung auf anderen Ebenen stattfinden.

Noch heute sind die historischen Erfahrungen Chinas Bestandteil der Rechtfertigungen der chinesischen Außen- und Wirtschaftspolitik, z.B. bezüglich recht strenger Regelungen für ausländische Investoren und Firmen in China. Auch erklärt dies die Haltung Chinas in Bezug auf ausländische Hilfe für die Volksrepublik. Obwohl seit Beginn der Reform- und Öffnungspolitik Ende der 1970er Jahre viele Mittel in die EZ nach China geflossen sind (verhältnismäßig und auf die Größe von Land und Bevölkerung bezogen), hat China seinen Aufstieg in erster Linie durch eigene Anstrengungen geschafft.

2.2 Warum China?

„Warum China?“ mag man sich fragen, wenn man sich mit dem Thema internationale EZ und EP beschäftigt. Die VR China qualifiziert sich durch ihre rasante und fast beispiellose Entwicklung für eine genauere Betrachtung im Bereich der EP und der EZ. Wenngleich zu berücksichtigen ist, dass sehr wohl auch andere Länder außergewöhnliche Entwicklungen, besonders im ökonomischen Bereich, vollzogen haben, wie etwa die asiatischen Tigerstaaten (Südkorea, Singapur, Taiwan und die inzwischen zu China gehörende Sonderverwaltungszone Hongkong) in den 1980er Jahren. Ein weiteres Beispiel ist Indien, das in der letzten Zeit zu einer ähnlich beeindruckenden Entwicklung ansetzt wie China. Trotzdem ist China aufgrund der Bevölkerungsgröße und der bisher erreichten Entwicklung ein Sonderfall. Im Gegensatz zum demokratischen Indien ist die VR China ein autoritär geführtes Land mit sozialistischem Einparteiensystem.

Die Veränderungen, die Chinas Wachstum mit sich bringt, sind enorm und höchst interessant. Betroffen sind davon auch die internationale Wirtschaft und Globalisierungsprozesse. Zusätzlich sind enorme Umwälzungs- und Verschiebungsprozesse im internationalen Machtgefüge im Gange und weiterhin zu erwarten.[22]

Auch die internationale EP ist betroffen, zum einen durch die eben beschriebenen Vorgänge, andererseits durch ein stärkeres entwicklungspolitisches Engagement Chinas, besonders in Afrika. Gerade die enorme wirtschaftliche Entwicklung hat dazu geführt, dass China zu einem wirtschaftlichen und politischen *global Player* geworden ist. Dies zeigt sich u.a. in dem wachsenden Einfluss Chinas in internationalen Organisationen. Beispiele hierfür sind der ständige Sitz im UN-Sicherheitsrat (1971 von Taiwan übernommen), der Beitritt zur WTO 2001 und die stärkere Präsenz in regionalen und internationalen Wirtschaftsorganisationen. So ist China Mitglied des IMF, der WB, der Afrikanischen, der Interamerikanischen, sowie seit 1986 auch der Asiatischen Entwicklungsbank (ADB). Seit längerem schon ist China in verschiedenen UN-Organisationen vertreten, z.B. in WHO, UNESCO, oder FAO (vgl. Hofmann 2006: 2f.). Seit 2010 ist China die zweitgrößte VW hinter den USA und Exportweltmeister noch vor Japan und Deutschland. China verfügt über die größten Devisenreserven der Welt, welche Mitte Juli 2011 etwa 3,2 Billionen USD ausmachten (vgl. *Financial Times Online* 2011). All dies zeigt, dass der wirtschaftliche Aufschwung auch den politischen Einfluss Chinas vergrößert hat.

Erwähnenswert ist zudem, dass China seit Gründung der VR sowohl als Geber, wie auch als Empfänger von EH in Erscheinung getreten ist und das erste EL mit eigenem EZ-Programm war (vgl. Brautigam 2009:33). Besonders das in jüngerer Zeit verstärkte entwicklungspolitische Engagement der sog. *rising powers* ist bemerkenswert. Zu diesen Staaten werden neben China v.a. Brasilien, Russland und Indien gezählt (die sog. BRIC-Staaten). Sie werden im entwicklungspolitischen Kontext auch als *non-DAC donor* oder *emerging donor* bezeichnet. Diese Staaten, auch China, sehen sich weniger als Geber, sondern sprechen von Süd-Süd-Kooperation auf gleicher Augenhöhe und zum gegenseitigen Nutzen (vgl. Hofmann 2006:2).

Chinas Wirtschaftskraft wird deutlich, sieht man sich dessen Anteil am Welt-Bruttoinlandsprodukt an (Abbildung 2.1). In der Abbildung wurden Recherchen des britischen Ökonomen Angus Maddison (2006) grafisch aufbereitet.

22 So wird inzwischen vielfach von den G-2 (also USA und China) im weltwirtschaftspolitischen Kontext gesprochen.

Abbildung 2.1: Welt-BIP in der Geschichte

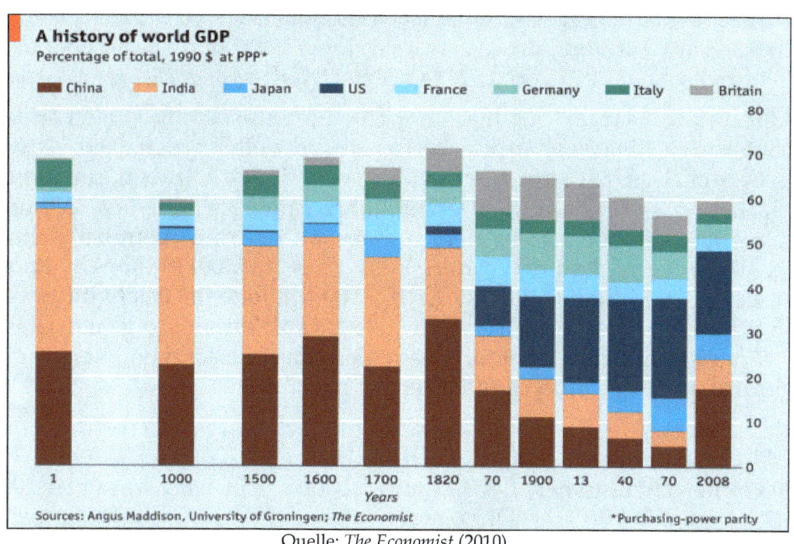

Quelle: *The Economist* (2010).

Anfang des 19. Jahrhunderts war China eindeutig führend. Gegen Ende des 19. Jahrhunderts wurde der Anteil allerdings immer geringer, was überwiegend am steigenden Einfluss fremder Nationen in China nach den Opiumkriegen liegen dürfte. Während v.a. die USA, Europa und Japan nach 1900 ihre Anteile sukzessive erhöhen konnten, verringerte sich Chinas Anteil auf etwa 4% in den 1970er Jahren. Wird das Bruttoinlandsprodukt (BIP) pro Kopf betrachtet, fiel China bereits im 14. Jahrhundert hinter Westeuropa zurück (vgl. Maddison 2006:46). Dabei vergrößerte sich der Abstand zwischen chinesischem und westlichem (Europa, ab dem 18. Jahrhundert auch USA) BIP pro Kopf bis weit ins 20. Jahrhundert um ein Vielfaches. Erst die Reformpolitik der letzten 30 Jahre konnte den Abstand etwas verringern. Das PKE in China zur Zeit der Gründung der VR wird mit 54 USD angegeben (Heberer in: Nohlen/Nuscheler 1994:74), womit China zu diesem Zeitpunkt nach Krieg[23] und Bürgerkrieg zu den ärmsten Ländern der Welt zählte.

Das PKE wird auch benutzt, um EL in Kategorien einzuteilen. China fällt laut Angaben der WB mit 3.650 USD (GNI pro Kopf, 2009) in die Kategorie *Lower Middle Income Country* (LMIC) und liegt damit knapp an der Grenze zur Kategorie *Upper Middle Income Country* (UMIC); (vgl. World Bank o.J.). Bei einem anderen Index, dem HDI der UN, fällt die VR Chi-

23 Der zweite sino-japanische Krieg 1937-1945.

na ebenfalls in eine mittlere Kategorie, die Länder mittleren Entwicklungsstandes umfasst. Beachtlich ist, dass sich seit 1980 der HDI Chinas von 0,368 auf 0,663 im Jahr 2010 fast verdoppelt hat und knapp über dem Weltdurchschnitt 2010 von 0,624 lag (vgl. UNDP o.J.).

In Bezug auf „Armut" als Indikator für die Entwicklung eines Landes, konnten in China sehr große Fortschritte erzielt werden. Die Zahlen diesbezüglich gehen weit auseinander. Man findet Angaben, die davon ausgehen, dass China in den letzten Jahrzehnten zwischen ca. 200 und bis zu 500 Millionen Menschen aus absoluter Armut befreien konnte (vgl. dazu auch: Laufer/Grimm/Fues (2006:3): 400 Millionen; Ramo (2004:11): 300 Millionen; UNDP (2010): 500 Millionen). Gleichgültig welche Schätzung eher zutrifft, ist dies ein beispielloser Erfolg und China wird maßgeblich daran beteiligt sein, dass das entsprechende erste Ziel der MDG voraussichtlich erfüllt werden kann.

Allerdings darf in diesem Zusammenhang nicht vergessen werden, dass in China immer noch Armut existiert. Während 2004 10,8% (vgl. ADB 2008:1) der chinesischen Bevölkerung absolut arm war, waren es 2005 15,9% (vgl. ADB 2010:1). Diese, angesichts o.g. Armutsreduktion, paradoxen Angaben beruhen auf einer Änderung der Bemessungsgrundlagen der WB für absolute Armut. Bis 2008 galt als absolut arm, wer weniger als einen USD pro Tag (PPP) zur Verfügung hatte. Daher stammt die Prozentangabe der Armen in China von 2004 (10,8%). 2008 hat die WB „auf der Basis neuer statistischer Erhebungen"(Welthaus Bielefeld 2010: 6) die Armutsgrenze auf 1,25 USD (PPP) angehoben und alte Zahlen entsprechend korrigiert (ab 2005, da dieses Jahr als Basisjahr herangezogen wurde). Dies erklärt die Angabe von 15,9% in Armut lebender Menschen in der VR China 2005. Betrachtet man den Anteil der Menschen, die von weniger als zwei USD (PPP) in China leben, so gibt die WB diesen mit 36,3% für 2005 an. Zum einen ist das ein riesiger Erfolg, denn noch 2002 betrug dieser Anteil 51,1% (vgl. World Bank o.J.). Andererseits verdeutlicht dies, dass noch enormer Handlungsbedarf besteht. Die nationale Armutsgrenze liegt wesentlich niedriger, was zu geringeren Armutszahlen führt: 2% (2007)[24] und 4,2% (2008)[25] nach einer Anhebung der nationalen Armutsgrenze in Folge der Anpassungen der WB. In einem Artikel der nationalen englischsprachigen Zeitung *China Daily* (*Zhongguo ribao* 中国日报) wird eine Summe von jährlich 1.196 *Yuan* (176

24 Dabei wird hier auch nur die Armut unter der Landbevölkerung gemessen. Vgl. ADB (2008:1).

25 Ebenfalls nur auf die Landbevölkerung bezogen. ADB (2010:1).

USD, 2009) pro Kopf als nationale Armutsgrenze genannt.[26] Andere Angaben des Artikels sollten eher mit Vorsicht betrachtet werden. Beispielsweise werden Zahlen der WB verglichen, die nicht zu vergleichen sind. Verglichen wird auch die von der WB definierte Armutsgrenze von einem USD pro Tag (WB-Definition der Armutsgrenze von 1993) mit der nationalen chinesischen Artmutsgrenze nach der o.g. Anhebung. Interessant ist die Aussage des chinesischen Wissenschaftlers, Wang Xiaolin, Direktor der Forschungsabteilung des *International Poverty Reduction Center of China*, den der Artikel zitiert, wonach die Regierung plane die Armut in China bis 2020 zu eliminieren. So ist die Anhebung der nationalen Armutsgrenze auch im Licht der Vorschläge des Zentralkomitees der Kommunistischen Partei Chinas (ZK der KPCh) zum 12. Fünfjahresprogramm (FJP)[27] zu sehen. Dieses legt, wie schon das elfte. FJP, u.a. großes Gewicht auf den Ausgleich der ungleichen Einkommen, um bis 2020 eine sog. „*Xiaokang*-Gesellschaft" (*Xiaokang shehui*小康社会) zu schaffen.[28]

Der Armutsanteil ist in der ländlichen Bevölkerung am höchsten, während in den Städten Modernisierung und Entwicklung meist sehr weit fortgeschritten sind. Dieses Bild von einem mächtigen und modernen China wird in Medien seit einigen Jahren herausgestellt. Folge ist bei vielen Betrachtern, die nicht besonders mit China vertraut sind, fehlendes Verständnis für EZ in China.

2.3 Entwicklungshilfe für die Volksrepublik China

Zur Zeit der Gründung der Volksrepublik Ende 1949 war China mit einem PKE von 54 USD (siehe S. 21) eines der ärmsten Länder der Welt. Mao Zedong schottete das Land weitgehend ab, auch in entwicklungspolitischer Hinsicht. Ausnahme war der „große sozialistische Bruder", die Sowjetunion. Zur sowjetischen Hilfe gehörte die Entsendung von Personal, das beim Aufbau des Sozialismus bzw. Kommunismus helfen

---

26 Vgl. Zhu (2010). Dieser Artikel ist ein Beispiel für die Unzuverlässigkeit mit dem Umgang von Daten in einigen chinesischen Quellen.

27 Während historisch gerade bei sozialistischen Planwirtschaften von Fünfjahresplänen gesprochen wird, erfolgt häufig, gerade im China-Bezug, die Bezeichnung Fünfjahresprogramm, um die Abkehr von der Planwirtschaft zu betonen.

28 *Xiaokang*-Gesellschaft kann als Gesellschaft mit moderatem bzw. bescheidenem Wohlstand übersetzt werden. *Xiaokang* bedeutet übersetzt wohlhabend oder gutsituiert. Im Zusammenhang mit dem 12. FJP ist hier der Aufbau einer Gesellschaft mit gerecht verteiltem Vermögen, wohlhabend ohne reich zu sein, gemeint. Vgl. hierzu China Daily (2010); Bohnet (2008:3).

sollte sowie die Versorgung mit Ausrüstung, Material und Personal zum Aufbau von Schwer- und Leichtindustrie, Militärhilfe und Lebensmittelhilfe (Mirsky/Guerrero/Wood 2008:77f.).[29] Das Verhältnis kann mit den aktuellen Beziehungen zwischen China und Nordkorea verglichen werden, was Unterstützung und Hilfe betrifft. Die empfangene Hilfe, die bis 1960 fast ausschließlich aus der Sowjetunion kam, wurde in diesem Jahr durch den Bruch im chinesisch-sowjetischen Verhältnis zum größten Teil eingestellt. Offizielle Zahlen und Berichte von chinesischer Seite zur EH und EZ in China zu erhalten ist kaum möglich (Xu 1999:4). Daher muss man sich i.d.R. auf Daten und Zahlen von Geberländern oder -organisationen verlassen.

Beginnend mit Verhandlungen in den frühen 1970er Jahren, wurden bis Ende 1978 etwa 74 Verträge mit Japan über schlüsselfertige Projekte abgeschlossen. Alle waren durch Kredite finanziert, die sich Japan in Öl zurückzahlen ließ (vgl. auch Brautigam 2009:47). Nach der Öffnung wurde China 1979 offiziell vom DAC der OECD als EL bezeichnet und auf die DAC-Liste gesetzt. Erst dieser Schritt ermöglichte ODA-Zuwendungen der OECD und deren Mitgliedstaaten.

So erhielt China laut OECD (2008a:1) 1979 ohne Hong Kong etwa 38 Millionen USD an ODA, 1980-1989 schon etwa 1,810 Milliarden USD jährlich, 1990-1999 ca. 3,100 Milliarden USD jährlich und zwischen 2000 und 2006 etwa 1,693 Milliarden USD jährlich (vgl. OECD 2011:8).

Während China 2008 noch den dritten Platz als Empfänger von Brutto-ODA[30] hinter Irak und Afghanistan einnahm, taucht die VR in Bezug auf Netto-ODA nicht auf. 2005 belegte China noch Platz fünf der Empfänger von Netto-ODA in Asien (vgl. OECD 2008b:101), 2008 nur noch Platz acht mit 3% der insgesamt empfangenen Netto-ODA in Asien (vgl. OECD 2010b:2). 2009 erhielt China 1,153 Milliarden USD an Netto-ODA. 90% der Brutto-ODA wurde über bilaterale Kanäle empfangen. Die Netto-Privatinvestitionen in China betrugen 2009 15,734 Milliarden USD. Dies zeigt, dass neben der ODA auch andere Hilfe (*Other Official Flows*, z.B. Hilfe von NGOs) und private Investitionen im Land durchaus wichtige Beiträge zur Entwicklung eines Landes leisten können.

---

29 Für ausführlichere Informationen zum Verhältnis zwischen China und Sowjetunion nach dem 2. Weltkrieg bis 1984 und der damit zusammenhängenden EZ vgl. z.B. Day (1985).

30 Brutto ODA ist ODA ohne den Abzug von Kreditrückzahlungen. D.h. hier ist davon auszugehen, dass China auf Platz drei lag, weil hohe Kreditbeträge zur ODA gezählt wurden, obgleich diese von China in diesem Zeitpunkt zurückgezahlt wurden.

Die zehn größten Geber von Brutto-ODA an China 2008-2009 waren Japan, Deutschland, Frankreich, Großbritannien, der Globale Fonds zur Bekämpfung von AIDS, Tuberkulose und Malaria, Spanien, die USA, die Globale Umweltfazilität (*Global Environment Facility*, GEF), Institutionen der EU[31] und Kanada.

Bilaterale ODA floss 2008-2009 in folgende Sektoren: Bildung (ca. 33%), Gesundheit und Bevölkerung (ca. 6%), andere soziale Sektoren (ca. 12%), wirtschaftliche Infrastruktur und Dienstleistungen (ca. 26%), Produktion (ca. 3%), multisektorale Bereiche (ca. 16%), Programmhilfe (ca. 1%), humanitäre Hilfe (ca. 2%). Etwa 1% betraf andere Sektoren bzw. war nicht spezifizierbar oder zuzuordnen (vgl. OECD 2009a).

Auf der aktuellen DAC-Liste wird China als *Lower Middle Income Country* (LMIC) und somit als EL geführt. 2011 soll diese Liste aktualisiert werden und es scheint möglich, dass China ab dann als *Upper Middle Income Country* (UMIC) gelistet wird (vgl. OECD 2008).

Nimmt man Deutschland als Beispiel für die bilaterale Zusammenarbeit mit China, begann diese historisch gesehen mit der Öffnung Chinas. Die Aufnahme diplomatischer Beziehungen 1972 bildete die Grundlage für spätere EZ. Die wirtschaftlichen Beziehungen sind besonders seit den 1990er Jahren enger geworden. China ist der wichtigste Wirtschaftspartner der Bundesrepublik Deutschland (BRD) in Asien und die BRD Chinas bedeutendster Handelspartner in Europa (vgl. BMZ o.J.). Auf der Basis eines bilateralen wirtschaftlichen Kooperationsabkommens von 1979 erhielt die VR China seit 1981 aus diesem Abkommen EH im Rahmen der TZ. Es folgten weitere Abkommen zur Zusammenarbeit. Ab 1985 erhielt China EH im Rahmen der FZ. Der Tiananmen-Zwischenfall von 1989 sorgte für die Unterbrechung der EZ, mit Ausnahme von Projekten, die direkt der Bevölkerung zu Gute kamen. Dieser Zustand dauerte bis 1992 an, als die EU die gegen China beschlossenen Sanktionen lockerte. Dies wiederum führte zur Aufhebung der im Bundestag be-

[31] Bis zum 01.12.2009 (dem Inkrafttreten des Vertrages von Lissabon) war die EU eine Dachorganisation (gegründet mit dem Vertrag von Maastricht, der 1993 in Kraft trat). Die Europäische Gemeinschaft bzw. Gemeinschaften (EG) stellten den Rechtskörper dar, weshalb die meisten Verträge die EG nennen. Umgangssprachlich wurde häufig schon seit dem Maastricht-Vertrag von der EU gesprochen, auch wenn die EG gemeint waren. Erst der Vertrag von Lissabon legte die Grundlage für Vertragsabschlüsse im Namen der EU. Die EG sind immer noch Bestandteil der EU. In dieser Arbeit wird EU als übergreifender Terminus verwandt, da die gerade erläuterten Unterscheidungen diesbezüglich nicht relevant sind.

schlossenen Sanktionen mit Ausnahme des Waffenembargos der EU (Xu 1999:41f.).

2008 wurde die klassische FZ mit China für beendet erklärt. Davon unberührt blieben bereits zugesagte Projekte. 2008-2009 leistete die BRD noch Brutto-ODA im Wert von durchschnittlich 566 Millionen USD pro Jahr. Damit war China zu diesem Zeitpunkt noch auf Platz zwei der Empfänger deutscher Brutto-ODA hinter dem Irak und vor Indien (vgl. OECD 2009b). Die klassische EZ mit China ist im Juli 2010 durch eine gemeinsame Erklärung in Beisein von Angela Merkel und Wen Jiabao formal beendet worden. Eine Zusammenarbeit wird jedoch auch weiterhin stattfinden, jedoch als „neue strategische Partnerschaft auf Augenhöhe" (Kopp 2010). Humanitäre Hilfe wird bei Bedarf weiterhin geleistet, wie beispielsweise nach dem Erdbeben in Sichuan 2008, als die BRD China 20,1 Millionen Euro Hilfe zusagte.

Hilfe, die China von multilateralen Organisationen empfing und empfängt, kann ebenfalls in den meisten Fällen erst ab der Öffnung nach außen und der Aufnahme der VR China in die DAC Liste verzeichnet werden. Dies liegt zu einem großen Teil daran, dass bis Oktober 1971 die Regierung Taiwans China in der UN, deren Gremien und Programmen vertrat. Nachdem der Sitz im Sicherheitsrat der UN von der VR übernommen wurde, fand entwicklungspolitische Zusammenarbeit mit dem Ausland nach wie vor kaum statt. Anfang und Mitte der 1970er Jahre wurden eine Vielzahl neuer diplomatischer Beziehungen aufgenommen, die sich erst entwickeln mussten.

Die Arbeit mit vielen UN-Programmen und -Organisationen sowie weiteren multilateralen Organisationen begann Ende der 1970er Jahre/Anfang der 1980er Jahre (vgl. dazu auch UN in China 2006). Beispielsweise wurde die Zusammenarbeit der VR China mit dem WFP der UN 1979 aufgenommen. Seitdem wurden in China mit dem WFP mehr als 70 Projekte durchgeführt, fast vier Millionen Tonnen an Lebensmitteln geliefert und damit etwa 30 Millionen Menschen in ganz China erreicht (vgl. WFP China Office 2009:2). Zwischen 1986 und 1988 erreichte die EZ mit dem WFP ihren Höhepunkt. In dieser Zeit erhielt China jährlich etwa 400.000 Tonnen an Lebensmittelhilfe und war damit das größte Projekt des WFP (ebda.:14). Abbildung 2.2 zeigt die empfangene Hilfe Chinas durch das WFP seit 1979. Seit den erwähnten Höhepunkten ging die Hilfe stark zurück, mit Ausnahme von Hilfe nach Naturkatastrophen, wie etwa 1998 nach verheerenden Überschwemmungen des Jangtse. Zwischen 1979 und 2005 erhielt China Lebensmittelhilfe im Wert von etwa einer Milliarde USD. Abbildung 2.2 verdeutlicht die zeitliche Verteilung dieser Hilfe. Seit 1981 leistete China selbst Hilfe im WFP und hat seitdem bis 2008 das WFP mit 27,55 Millionen USD unterstützt (ebda.:32). Von einem der größten Empfänger entwickelte sich China zu einem bedeutenden Unterstützer im WFP.

Abbildung 2.2: WFP-Lebensmittelhilfe für China 1979-2008

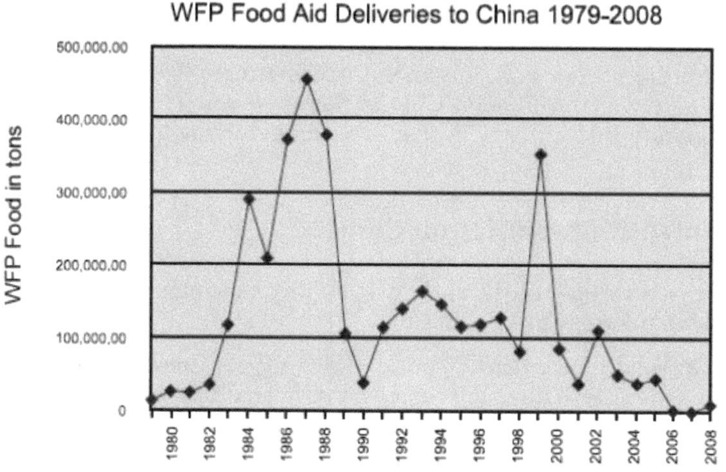

Quelle: WFP China Office (2009: 26).

Andere UN Programme haben sich ähnlich entwickelt. Ein Beispiel ist das Entwicklungsprogramm der UN (UNDP). Am 22.09.2010 haben das UNDP und die VR China ein neues Abkommen unterzeichnet. Dieses beinhaltet, dass China weitere Hilfe und Unterstützung in Bereichen wie beispielsweise der HIV/AIDS Bekämpfung erhält und seine Erkenntnisse und Erfolge beispielsweise in der Armutsbekämpfung in das Programm einbringt, um anderen EL zu helfen (vgl. UNDP 2010). Insgesamt steht das Abkommen im Zeichen der Erreichung der MDG.

Nicht nur UN-Programme waren und sind bei der EZ in China beteiligt, auch andere internationale Organisationen, wie der IMF, die WB oder andere regionale Entwicklungsbanken waren und sind in China engagiert. Die Arbeit der WB und die Rolle Chinas in der WB sind Thema des vierten Kapitels.

China, 1945 noch als Republik China, war eins der 35 ursprünglichen Mitglieder des IMF. Die VR übernahm 1980 die entsprechende Vertretung. China hat zwei Mal, 1981 und 1986, IMF-Kredite in Anspruch genommen. Seit 1990 hat der IMF in China auch EZ in Form von TZ, v.a. in den Bereichen Aus- und Weiterbildung, geleistet. 2001 wurden Chinas Stimmanteile erhöht (vgl. IMF 2004) und 2010 wurde eine weitere Erhöhung beschlossen, womit China, bezüglich der Stimmrechte, Deutschland überholte.

Ähnlich verhielt es sich mit dem Verhältnis zwischen China und der Welternährungsorganisation FAO. China war auch hier Gründungsmitglied (wie u.a. auch bei der ILO) 1945. Wie beim IMF, hat 1973 die VR die Vertretung in der FAO übernommen. Zwischen 1978 und 2000 bekam China etwa 30 Millionen USD im Rahmen von TZ und es wurden über 100 landwirtschaftliche Projekte in China durchgeführt (vgl. MOFA 2000).

2.4 Entwicklungshilfe von China

2.4.1 Entwicklungspolitik und Entwicklungszusammenarbeit der Volksrepublik China

China war schon kurz nach Gründung der VR als Geber entwicklungspolitisch aktiv. Der Krieg zwischen Kommunisten und *Guomindang* fand so eine Fortsetzung auf diplomatischer Ebene. Gekämpft wurde um die Anerkennung als Staat, v.a. in anderen EL. So leistete die VR beispielsweise finanzielle Unterstützung an die ägyptischen Regierung im Kampf um die Rechte des Suez-Kanal (Li o.J.:5). Schon ab 1950 wurde Nordkorea, neben der Militärhilfe im Korea-Krieg, mit Getreide, Medikamenten, Baumwolle und anderen Industriegütern unterstützt. Diese frühen Aktivitäten waren überwiegend Ausdruck der außenpolitischen Leitmotive Chinas, Anti-Kolonialismus, Anti-Hegemonismus und Anti-Imperialismus. Es wurden hauptsächlich Staaten unterstützt, die in Konfrontation zu den beiden Supermächten USA und Sowjetunion (erst ab 1960) standen. Außerdem empfingen v.a. sog. sozialistische „Bruderstaaten" chinesische Hilfe (Vgl. Taake in: Thiel 1996:234; Brautigam 2009:30; 52).

Auch andere nicht-sozialistische Staaten erhielten Unterstützung. Dies waren v.a. Nachbarstaaten, wie Nepal, wo ein Großteil der „Überland"-Straßenverbindungen mit chinesischer Hilfe gebaut wurde (vgl. auch Bartke 1989:23). Hier spielte die Abgrenzung zu Indien eine Rolle, was vermuten lässt, dass der Straßenbau Teil militärstrategischer Überlegungen gewesen sein könnte. Auch Vietnam, Laos und Myanmar wurden schon Anfang und Mitte der 1950er Jahre unterstützt ebenso wie nationale Befreiungsbewegungen in Staaten Asiens, Afrikas und Lateinamerikas bis Mitte der 1970er Jahre (vgl. Zhu 2009:69). Zum einen wurde dadurch versucht, den Sozialismus chinesischer Prägung (im Gegensatz zum Kommunismus bzw. Sozialismus der Sowjetunion) als Ideologie zu verbreiten. Zum anderen sollte die „Ein-China-Politik" (*Yi ge Zhongguo* zhengce 一个中国政策 oder *Yi ge Zhongguo* 一个中国) mehr Akzeptanz finden und Chinas Agenda in internationalen Organisationen, v.a. den UN, stärker unterstützt werden. Dies war im Oktober 1971 erfolgreich, als die VR den Sitz im UN-Sicherheitsrat von Taiwan übernahm. Gerade die Stimmen vieler afrikanischer Staaten trugen dazu bei, dass die entsprechende Abstimmung zu Gunsten der VR erfolgte. Auch in der jüngeren Vergangenheit waren solche Erfolge zu beobachten, beispielsweise in den Verhandlungen mit der WTO, um als Marktwirtschaft eingestuft zu werden (vgl. auch Laufer/Grimm/Fues 2006:1).

Nachdem Anfang der 1970er Jahre die Ausgaben Chinas für EZ auf einen Rekordstand gestiegen waren, fielen sie in der Anfangsphase der Öffnungspolitik drastisch ab. Seit Mitte der 1980er Jahre stiegen sie nur noch absolut. Prozentual bewegt sich die EH auf relativ niedrigem Niveau. Neben dem stärkeren Engagement in anderen EL zur o.g. Unterstützung in den UN, wird der Anstieg der EH zu Beginn der 1970er Jahre zum Teil mit der sog. „Viererbande" (*Sirenbang* 四人帮) in Zusammenhang gebracht, die über Verbindungen v.a. zu Lin Biao die EH-Ausgaben in die Höhe getrieben haben soll (vgl. Bartke 1989:10). Die Reduzierung wird auf Zhou Enlai zurückgeführt, der nach dem Tod Lin Biaos 1971 an Macht gewann und 1975 betonte, China müsse sich vorerst auf die eigene Entwicklung in Form von „Vier Modernisierungen" (*Si ge xiandaihua* 四个现代化) konzentrieren.[32]

Eine Wende in der chinesischen EP ist also in der Zeit nach 1974 zu erkennen, in der die Ausgaben drastisch gesenkt wurden. Neben der Reform- und Öffnungspolitik wurde in dieser Zeit auch die EP angepasst. Zwischen 1972 und 1977 richtete der Staatsrat fünf nationale Konferenzen zum Thema EH aus. Auf der fünften Konferenz wurde festgehalten, dass die Ausgaben für EH mit bis zu 7% der Staatsausgaben (siehe auch Abbildung 2.4) zu hoch für China waren. Empfänger chinesischer Hilfe waren ab diesem Zeitpunkt hauptsächlich auf sich alleine gestellt, um ihre Wirtschaft zu entwickeln. Dies war auch Chinas eigene Situation. Die zugesagte Hilfe sollte zwar geleistet, aber neue Vereinbarungen stärker kontrolliert werden. Ein vom Staatsrat vorgegebenes Limit für EH sollte nicht überschritten werden (vgl. Brautigam 2009:41f.). In erster

---

32 Vgl. Wang/Zhu (2008:49). Die Vier Modernisierungen hatten die Modernisierung von Landwirtschaft, Industrie, nationaler Verteidigung sowie Wissenschaft und Technik zum Ziel. Die Umsetzung der Vier Modernisierungen wurde offiziell von Deng Xiaoping im Dezember 1978 in die Wege geleitet.

Linie sollten die Außenbeziehungen der chinesischen Modernisierung bzw. Entwicklung dienen. Seit Anfang der 1990er Jahre wurde die chinesische EP einer Reihe von Reformen unterzogen. Grundlagen dafür waren einerseits die eigenen Erfahrungen als Geber und Empfänger von EH in den 1970er und 1980er Jahren. Andererseits waren die Reformen auch ein Ergebnis von Veränderungen der öffentlichen Verwaltung in China. Dabei hatten die zunehmende Privatisierung von Staatsunternehmen und die Gründung von sog. *„policy banks"* weitreichende Auswirkungen auf die EP.[33] Durch die Privatisierung wurden ehemalige Staatsunternehmen profitabel. Betroffen davon waren auch Unternehmen, die mit der Umsetzung der EZ beauftragt waren und dabei dem Staat unterstanden. Zentraler Punkt der Reformen war die Einführung neuer EZ-Instrumente sowie eine stärkere aktive Förderung bei der Beteiligung von Joint Venture-Unternehmen in EZ-Projekten. Speziell ein neues System von Konzessionskrediten (diese werden in 2.4.3 ausführlicher beschrieben) stellte einen Wendepunkt in der chinesischen EP dar. So wie westliche Geber und insbesondere Japan in den 1970er und 1980er Jahren in China EZ praktiziert hatten, sollte die EP und EZ Chinas direkter den gegenseitigen Nutzen der Hilfe fördern (vgl. etwa Wang/Zhu 2008:47; Brautigam 2009:79-81). Im Zuge der Reform- und Öffnungspolitik in China hat sich Chinas EZ stetig weiter entwickelt und ist insbesondere im Kostensektor effizienter und bewusster geworden (vgl. auch Bartke 1989:15).

Chinas humanitäre Hilfe hat sich stark ausgeweitet, insbesondere seit Ende der 1990er Jahre. Außerdem wurden einer Reihe LDCs, v.a. in Subsahara-Afrika, Schulden erlassen. Seit Anfang des neuen Jahrtausends ist ein verstärktes entwicklungspolitisches Engagement Chinas in Afrika und Lateinamerika zu beobachten.

33 In China gibt es drei sog. *„policy banks"*. Banken, die neben der Zentralbank als Werkzeug der Regierung bei der Umsetzung der entwicklungspolitischen Ziele (national wie international) helfen sollen. Dazu gehören die Exim Bank, die CDB und die Agricultural Development Bank of China. 2008 wurde der Antrag der CDB auf Umstrukturierung zu einer kommerziellen Bank genehmigt, so dass in Kürze nur noch zwei *policy banks* bestehen werden. Allerdings bleibt auch das kommerzielle Geschäft der CDB eng mit der EZ Chinas verbunden, insbesondere im Rahmen von Finanzierungen für die sog. *„go global"* oder *„go out*-Strategie" (*Zou chuqu zhanlüe* 走出去战略). Dabei werden v.a. Infrastrukturprojekte in den Bereichen Landwirtschaft und Bewässerung, Elektrizität, Straßen- und Eisenbahnlinienbau, Post- und Telekommunikation finanziert. In jüngster Zeit wird zudem eine nachhaltige Entwicklung (*green development*) gefördert. Vgl. hierzu auch Brautigam (2010:4); die Internetseite der CDB: http://www.cdb.com.cn/english/Column.asp?ColumnId=86 [23.11.2010].

2.4.2 Begriffe und Formen der chinesischen Entwicklungspolitik/ Entwicklungszusammenarbeit

In China werden im Zusammenhang mit EH bzw. EZ unterschiedliche Begriffe benutzt, die jedoch inhaltlich alle weitestgehend gleich sind. Dazu gehören u.a. die Bezeichnungen Hilfe (Yuanzhu 援助), Auslandshilfe (Duiwai yuanzhu对外援助 bzw. Waiyuan 外援), wirtschaftliche Auslandshilfe (Duiwai jingji yuanzhu 对外经济援助), wirtschaftliche Hilfe (Jingji yuanzhu 经济援助), wirtschaftliche Zusammenarbeit (Jingji hezuo 经济合作) oder Entwicklungshilfe (Fazhan yuanzhu 发展援助). Die ODA des DAC der OECD wird im chinesischen mit Zhizi jiushi wei guanfang fazhan yuanzhu 职责就是为官方发展援助 bezeichnet (vgl. .Miao 2010:4-6).

Inhaltliche Schwerpunkte der chinesischen EZ sind überwiegend in den Bereichen zu finden, in denen China im Zuge der eigenen Entwicklung Erfahrungen und Expertise sammeln konnte. Dies betrifft insbesondere den landwirtschaftlichen Bereich (Bewässerungsprojekte, Anbaumethoden), die Leichtindustrie (besonders im Textilbereich), inzwischen auch die Schwerindustrie (Bergbau, Stahlindustrie, Ölförderung) sowie Bildung, Gesundheit und Sport. Lange Zeit manifestierte sich chinesische EH in Prestigeobjekten (v.a. in Afrika) wie dem Bau von Sportstadien, Parlaments- und Regierungsgebäuden, Kulturpalästen, Straßenbauten, Eisenbahnlinien. Diese Hilfe hatte für die Empfängerländer nicht selten negative Folgen, da sie mit Unterhalt, Instandhaltung und Wartung häufig finanziell und technisch überfordert waren. Erfahrungen wie diese sind sowohl für westliche Geber als auch für die chinesische EZ weiterhin ein großes Problem.

Chinesische Hilfe besteht weitgehend aus neun Arten von Hilfe: Entsendung medizinscher Teams, Ausbildung und Stipendien, humanitäre Hilfe, Freiwilligendienst junger Menschen, Schuldenerlass, Budgethilfe, schlüsselfertige Projekte (Infrastruktur und Fabriken), materielle Hilfe (*aid-in-kind*) und technische Hilfe (vgl. Brautigam 2009:105). Die Kooperationen im Rahmen der chinesischen EZ finden Budget-bezogen zum größten Teil in drei Bereichen statt. Erstens Infrastruktur: Projekte in diesem Bereich machten zumindest bis etwa 2006 den größten Teil des Hilfsbudgets aus. Solche Zusammenarbeit kann sowohl im Rahmen von FZ oder TZ erfolgen. Meist ist sie mit der Bedingung verknüpft, chinesische Firmen mit den Projekten zu beauftragen. Zweitens Schuldenerlass: Dieser Punkt betrifft hauptsächlich afrikanische Länder und ist i.d.R. ebenfalls an die o.g. Bedingung geknüpft. Drittens Humanitäre Hilfe: Dieser Bereich fällt mit immer höheren Beiträgen auf. Beispiele sind die Tsunami-Katastrophe 2004 oder die Hilfe für Haiti nach dem verheerenden Erdbeben dort im Januar 2010. Sogar in die USA floss humanitäre Hilfe im Wert von fünf Millionen USD, nach dem Wirbelsturm Katherina (vgl. Brautigam 2009:122). China gehörte 2000-2008 zu den Top Zehn der Nicht-DAC-Ländern, die humanitäre Hilfe leisteten sowie zu den Top Zehn, in Bezug auf bilaterale Hilfe von Nicht-DAC-Ländern (vgl. Harmer/Martin 2010:17; 22).

Immer mehr Hilfe fließt in die Beteiligung von Joint Ventures in EZ-Projekten, die medizinische Zusammenarbeit steigt stetig und Bildungsmaßnahmen, wie die Vergabe von Stipendien zur Ausbildung nationaler Fach- und Führungskräfte an chinesischen Universitäten, werden verstärkt.

Die Grundformen der EZ bilden die klassische FZ in Gestalt von Zuschüssen (nicht rückzahlbare Kredite oder Materialhilfe), zinslosen Darlehen, die von der Regierung zur Verfügung gestellt werden (über das Finanzministerium, MOF, abgewickelt) oder Konzessionsdarlehen, also Kredite zu günstigeren Konditionen. Präferenzkredite, wie die Konzessionsdarlehen auch genannt werden, vergibt ausschließlich die *Export-Import Bank of China* (*Zhongguo jin chukou yinhang* 中国进出口银行, im Folgenden: Eximbank). Die Differenz zwischen Marktzins und Kreditzins wird vom MOFCOM an die Eximbank als Subvention aus dem Budget des Ministeriums gezahlt (vgl. Asche/Schüller 2008:35).

Als weiteres EZ-Instrument werden seit der Reform der EP 1995 neben der klassischen FZ (wie oben beschrieben) und der TZ (die auch Personalentsendung beinhaltet), auch trilaterale Kooperationen angeboten. Dabei wird den Empfängerländern ein Gesamtpaket für ein EZ-Projekt geschnürt, das preisgünstig, wartungsarm und technologieangepasst (inklusive des dafür benötigten Personals) auf das EL zugeschnitten ist. Die Finanzierung dafür erfolgt i.d.R. durch chinesische Vermittlung von westlicher Seite oder multilateralen Organisationen (vgl. auch Taake in: Thiel 1996:235f.). Allerdings werden solche Finanzierungen inzwischen verstärkt auch von chinesischen kommerziell tätigen Banken und Fonds übernommen. Eine weitere Form der EZ sind die sog. *„resource-backed infrastructure loans“* (Brautigam 2009:145f.). EL, die keine entsprechenden finanziellen Möglichkeiten haben, können in solchen Fällen die Kredite mit Rohstoffen, über die sie verfügen (oder den Zugang zu diesen) oder den mit dem Projekt hergestellten Produkten absichern bzw. abzahlen. Ob dies für die beteiligten EL vorteilhaft ist, wird diskutiert.[34] Gerade die Bretton Woods-Institutionen kritisieren in vielen Fällen Chinas Vergabe

---

34 Vgl. hierzu z.B. Kappel/Schneidenbach (2006), Asche/Schüller (2008); Harmer/Martin (2010).

solcher Kredite. Besonders für die ärmsten Länder können aber solche Kredite auch positiv sein. Oftmals wird so in Bereiche investiert, die kein anderes Land oder keine internationale Organisation fördert. Zudem ist dieses Vorgehen nicht neu. Schon der Westen und insbesondere Japan hat genau mit dieser Methode sowohl in China (Japan ab 1973) als auch in Afrika „Hilfe" geleistet. Interessant in diesem Zusammenhang ist, dass diese Kritik der Bretton Woods-Institutionen auch mit Eigeninteresse erklärt werden könnte. Kredite der WB und des IMF sind laut Konvention des sog. Pariser Clubs, privilegierte Schulden. Das bedeutet, dass WB- und IMF-Schulden vor allen anderen Schulden beglichen werden sollten. China aber ist nicht Mitglied dieses Clubs und somit nicht an diese Absichtserklärungen gebunden. Insofern würden durch *resource-backed loans* Mittel verloren gehen, die sonst genutzt werden könnten um WB-Schulden zu begleichen (vgl. Brautigam 2009:46; 145-147).

Trotz größerem Engagement in multilateralen Organisationen wurden noch 2005 95% der chinesischen Gelder bilateral vergeben (vgl. Hofmann 2006:5). China bringt sich nicht nur vermehrt in den multilateralen Organisationen in denen die VR Mitglied ist ein, sondern arbeitet auch mit anderen Organisationen enger zusammen. So hat China beispielsweise bei der Erstellung von internationalen Abkommen wie der Erklärung von Paris zur Wirksamkeit von EZ (2005) oder dem Aktionsplan von Accra (2008) mitgewirkt. Dies geschah im Rahmen der Teilnahme an Gesprächen und dem Austausch auf hohem Level mit entsprechenden Gremien des DAC bzw. der OECD allgemein. Unterzeichnet hat China diese Abkommen allerdings nicht (vgl. Brautigam 2009:147). Ein solcher Austausch findet seit 2007 regelmäßig statt und wird seitens der OECD sehr gelobt, da China seine Erfahrungen und sein Wissen im EZ-Bereich weitergeben kann. China nimmt zudem an der Arbeitsgruppe für Wirksamkeit in der EZ der OECD teil, die die Umsetzung der Pariser Deklaration und des Accra Aktionsplans fördert und beobachtet.[35] Im Januar 2009 wurde die *China-DAC Study Group* ins Leben gerufen, die v.a. Chinas Erfahrung in der EP, sowie Chinas Engagement und dessen (mögliche) Auswirkungen auf die Armutsreduzierung in Afrika zum Inhalt hat (vgl. auch OECD 2010:12).

---

[35] Beides sind Abschluss- bzw. Absichtserklärungen von zwei entwicklungspolitischen Gipfeln. 2005 in Paris mit der Aufstellung von fünf Grundprinzipien ähnlich den „Fünf Prinzipien der friedlichen Koexistenz" in der chinesischen Außenpolitik und 2008 in Accra mit dem Accra Aktionsplan. Dieser Aktionsplan soll die Umsetzung der Pariser Erklärung durchsetzen und überprüfen.

2.4.3 Grundlagen, Motive und Organisation der Entwicklungspolitik/Entwicklungszusammenarbeit in China

Wie weiter oben schon erwähnt wurde, war und ist die EP Chinas eng mit dessen Außenpolitik verwoben, was allerdings bei den meisten entwicklungspolitisch aktiven Staaten mehr oder weniger der Fall ist. In chinesischer Tradition werden solche Politiken häufig in Zahlen-Bezeichnungen gefasst. So wurden beispielsweise schon 1954 in einem Kooperationsabkommen mit Indien „Fünf Prinzipien der friedlichen Koexistenz" (*Heping gongchu wu xiang yuanze* 和平共处五项原则) formuliert. Dabei handelt es sich um:

1. gegenseitigen Respekt für die territoriale Integrität und Souveränität,
2. beiderseitiges nicht aggressives Verhalten,
3. Nicht-Einmischung in die inneren Angelegenheiten des Anderen,
4. Gleichheit und gegenseitiger Nutzen in den Beziehungen zueinander, sowie
5. friedliche Koexistenz. [36]

Diese Fünf Prinzipien wurden 1955 auf der Asiatisch-Afrikanischen Konferenz (auch Bandung-Konferenz genannt, da sie in Bandung, Indonesien stattfand) in eine zehn Punkte umfassende *„Declaration on the Promotion of World Peace and Cooperation"* übernommen (vgl. Hänggi 1991:53f.). Zhou Enlai, seinerzeit chinesischer Premier und Außenminister, war hierbei federführend. [37] Auch auf die EP der VR China hatten und haben die Fünf Prinzipien starken Einfluss genommen. Beispielsweise hat der ehemalige Staatspräsident Jiang Zemin 1996 bei einem Afrika-Besuch die Wichtigkeit der Fünf Prinzipen bekräftigt.

Zhou Enlai war es, der auf einer Reise durch 14 Länder Asiens und Afrikas im Januar 1964, erstmals die „Acht Prinzipien der Entwicklungshilfe" (*Duiwai yuanzhu ba xiang yuanze* 对外援助八项原则 bzw. wörtlich: *Zhongguo zhengfu duiwai jingji jishu yuanzhu de ba xiang yuanze* 中国政府对外经济技术援助的八项原则) öffentlich vorstellte. Die Acht Prinzipien sind eine spezifische Ergänzung der Fünf Prinzipien für den Umgang mit anderen EL (vgl. Fu 2008:95; oder z.B. Wang 2009; Zhang 2005):

36 Vgl. hierzu z.B. Laufer/Grimm/Fues (2006:2);Singh (1998:56); Asche/Schüller (2008:13).

37 Weitere Punkte dieser Deklaration umfassten die Bestätigung zur Anerkennung der UN Charta und insbesondere auch der Respekt für die dort verfassten fundamentalen Menschenrechte.

1. Die chinesische Regierung leistet Hilfe immer basierend auf dem Prinzip der Gleichheit und des gegenseitigen Nutzens. China hat seine Hilfe nie als einseitiges Geschenk angesehen, sondern als gegenseitige Hilfe.
2. Die chinesische Regierung respektiert streng die Souveränität der Empfängerländer und leistet Hilfe ohne Konditionalität und ohne den Anspruch auf Privilegien.
3. Die chinesische Regierung stellt Hilfe als Darlehen mit niedrigen Zinsen oder als zinsloses Darlehen zur Verfügung. Die Partnerländer können, wenn nötig, die Laufzeit verlängern und so die Belastungen gering halten.
4. Die Hilfe der chinesischen Regierung soll die Empfänger nicht in Abhängigkeit von China führen, sondern soll den Empfängerländern allmählich zu einem eigenständigen und unabhängigen Entwicklungsweg verhelfen.
5. Die chinesische Regierung versucht den Partnerländern bei Projekten zu helfen, die weniger Investitionen benötigen, dabei aber schneller Ergebnisse erzielen, damit die Empfängerregierung ihr Einkommen steigern und Kapital akkumulieren kann.
6. Die chinesische Regierung stellt Ausrüstung und Material in bester Qualität und aus eigener (chinesischer) Herstellung zu internationalen Marktpreisen zur Verfügung. Sollten Ausrüstung und Material nicht von vereinbarter Qualität sein, wird die chinesische Regierung es ersetzen.
7. Bei jeglicher technischen Hilfe wird die chinesische Regierung dafür sorgen, dass das Personal des Empfängerlandes die Technologie vollständig beherrschen kann.
8. Die von der chinesischen Regierung entsandten Experten, die bei der Umsetzung von Projekten helfen, werden auf den selben Lebensstandard wie die lokale Bevölkerung verpflichtet und dürfen keine Sonderrechte oder -behandlung fordern oder genießen.

Ebenso wie die Fünf Prinzipien sind die Acht Prinzipen bis heute von Relevanz in der chinesischen EP und EZ (vgl. dazu Zhu 2009:72). 1983 formulierte Zhao Ziyang „Vier Prinzipien für die wirtschaftliche und technische Zusammenarbeit" (vgl. Brautigam 2009:314), welche die Acht Prinzipien in spezieller Absicht für die Zusammenarbeit mit afrikanischen Ländern beinhalten. Ein entscheidender Unterschied bestand allerdings darin, dass Zhao, im Gegensatz zu Zhou 1964, nicht das Wort Hilfe benutzte. Stattdessen betonte er, dass die Kooperationen vielerlei Formen annehmen könnte (vgl. Brautigam 2009:53f.).

Anlässlich des 60. Geburtstages der UN 2005 proklamierte der chinesische Präsident Hu Jintao in einer Rede die Schaffung einer „Harmonischen Welt“ (*Hexie shijie* 和谐世界).[38] Zudem bekräftigte er, dass China in seiner Außenpolitik auf Grundlage der Fünf Prinzipien verfahre (vgl. MOFA 2005).

Die Nicht-Konditionalität ist ein entscheidender Unterschied zur westlichen Entwicklungszusammenarbeit. Daher wurde in Anlehnung an den sog. „*Washington Consensus*“ die chinesische Form der EP und EZ mit der Nicht-Konditionalität als weiterem Kriterium neben Nicht-Einmischung u.a., als „*Beijing Consensus*“ bezeichnet.[39] Viele Wissenschaftler und Politiker auf chinesischer und westlicher Seite und v.a. natürlich die chinesische Regierung selbst sind davon überzeugt, dass der *Beijing Consensus* eine gute Alternative für EL ist, die genug haben von westlich oktroyierten Bedingungen und Systemen sowie der Tatsache, dass gerade westliche EZ oft nicht das hält, was sie verspricht. Einige gehen sogar soweit zu sagen, dass die Chinesische Entwicklungsstrategie den *Washington Consensus* als universellen Wertekomplex für die ganze Welt ersetzen wird (vgl. auch Zhang 2010:57f.). Neben den proklamierten Zielen und Motiven, die in den verschiedenen „Prinzipien-Sammlungen“ genannt werden, spielen ebenso wie in der westlichen EP Eigeninteressen zentrale Rollen. Dazu gehört der Wunsch, Chinas Image in der Welt zu verbessern und sich „… als verantwortliche aufstrebende Nation, die sich zunehmend auch global engagiert …“ (Hofmann 2006:5) zu zeigen. Außerdem soll durch wirtschaftliche Kooperationen, Handel und Inves-

---

38 Auch intern wird Harmonie proklamiert. Erstmals erwähnt auf einer Sitzung der KPCh 2004, beinhalten die letzten Fünf-Jahres-Programme Punkte zur Schaffung einer harmonischen Gesellschaft (*Hexie shehui* 和谐社会). Vgl. hierzu etwa de Haan (2010).

39 Der Terminus „*Beijing Consensus*“ wurde erstmals von Joshua Ramos (2004) verwandt. Während es keine klare Definition für den Begriff gibt, versteht Ramos darunter v.a. eine EP, die im Gegensatz zum sog. „*Washington Consensus*“ steht. Dieser sagt im Grunde aus, dass für die Entwicklung armer Länder v.a. Demokratie, Marktwirtschaft und Good Governance von Nöten seien. Unter diesen Maximen wurden deren Umsetzung im Rahmen der EZ, v.a. durch IMF und WB, in den 1990er Jahren an die Gewährung von Hilfe geknüpft. Ramos betont dass es nicht einen universellen Weg für Entwicklung gibt und hält die von Deng Xiao Ping geprägte chinesische Politik nach dem Motto „nach Steinen tastend den Fluss überqueren“ (*Mo zhe shitou guo he* 摸着石头过河) für passender. Zudem betont Ramos die Notwendigkeit, dass EL stärkere Selbstbestimmung im EZ-Prozess erhalten und neben den bestimmenden Maßen für Entwicklung (BIP oder PKE) weitere Indikatoren größere Beachtung finden. Inzwischen gilt auf westlicher Seite, auch bei IMF und WB, der *Washington Consensus* als überholt, wenngleich noch immer v.a. Good Governance und Marktöffnung wichtige Voraussetzungen für Unterstützung darstellen.

titionen der Zugang zu Ressourcen und Absatzmärkten gesichert sowie die eigene Entwicklung weiter voran getrieben werden. Wie für alle Länder gilt auch für China: Die EP ist eines von vielen Instrumenten der Außenpolitik (vgl. Brautigam 2009:15).

Im ersten Jahrzehnt nach Gründung der VR wurden Entscheidungen über Hilfe direkt von der Zentralregierung getroffen. Die Entscheidungen wurden anschließend an zuständige Abteilungen im System der zentralen Planung zur Implementierung übertragen (vgl. Brautigam 2009:333). 1960 wurde die erste Stelle für EH gegründet. Die Staatsadministration (später Kommission) für ausländische Wirtschaftsbeziehungen wickelte materielle Hilfe, schlüsselfertige Projekte und technische Hilfe ab. Die der Hilfe zu Grunde liegenden Entscheidungen wurden gemeinsam von der gerade erwähnten Kommission und dem Außenministerium (*Ministry of Foreign Affairs*, MOFA) getroffen. 1970 bekam die Kommission den Status eines Ministeriums, fortan das Ministerium für ausländische Wirtschaftsbeziehungen (*Ministry of Foreign Economic Relations*). Ab 1971 wurden Ämter für wirtschaftliche und technische Zusammenarbeit in allen Provinzen und bedeutenden Stadtverwaltungen eingerichtet. Diese Institutionen wurden auch für jedes zentrale Ministerium und für wichtige Staatsbetriebe eingerichtet. 1982 wurde das Ministerium für ausländische Wirtschaftsbeziehungen und das Handelsministerium (*Ministry of Trade*) zusammengelegt und bildeten fortan das Ministerium für ausländische Wirtschaftsbeziehungen und Handel. In diesem Ministerium wurde die Abteilung für Auslandshilfe (*Department of Aid to Foreign Countries*, DAFC; *Dui wai yuanzhu si*, 对外援助司) geschaffen. Diese Abteilung übernahm die zentrale Zuständigkeit in Chinas EP für EH. 1993 wurde das Ministerium umbenannt in *Ministry of Foreign Trade and Economic Cooperation* (MOFTEC). 2003 erfolgte eine weitere Umbenennung in *Ministry of Commerce* (MOFCOM). Seit der Einrichtung einer Behörde für die Implementierung von EH 1960, blieb diese Behörde zentrale Stelle für EZ. Was sich hauptsächlich änderte, waren Name und Status (vgl. Brautigam 2009:106f.).

Wie in allen politischen Belangen, bildet die chinesische Zentralregierung mit dem Staatsrat (*Guowuyuan* 国务院) an der Spitze das oberste Entscheidungsgremium auch im Bereich der EP. Neben der Entscheidung über das jährliche Budget für EZ, muss der Staatsrat bestimmte Hilfe oder Hilfe, die eine bestimmte Grenze überschreitet, genehmigen. Dazu gehören jegliche finanziellen Zuschüsse, die über 1,5 Millionen USD liegen, alle EZ-Projekte deren Wert über 100 Millionen RMB liegt und Überschreitungen des jährlichen Budgets. Zudem behält sich der Staatsrat vor, Entscheidungen über Hilfe an „politically sensitve countries" (Brautigam 2009:107) zu treffen. Die Nationale Entwicklungs- und

Reformkommission (*National Development and Reform Commission*, NDRC; *Guojia fazhan he gaige weiyuanhui* 国家发展和改革委员会) formuliert Richtlinien für die Politik einzelner Ministerien. Die Ministerien, die dies betrifft und die in der EP eine Rolle spielen, sind das Handels-, das Finanz- und das Außenministerium (MOFCOM, *Shangwubu* 商务部; MOF *Caizhengbu* 财政部, MOFA *Waijiaobu* 外交部). Die NDRC untersteht wiederum dem Staatsrat. Darüber hinaus sind bei der Umsetzung einzelner Projekte ggf. auch andere betroffene Ministerien involviert, z.B. das Bildungsministerium (MOE, *Jiaoyubu* 教育部). Fast alle Ministerien verfügen über Abteilungen oder Mitarbeiter, die für entwicklungspolitische Zusammenarbeit zuständig sind. Koordination und Prozesse der chinesischen EP und EZ sind sehr komplex und insbesondere für ausländische Betrachter bis heute oft nicht ganz durchschaubar (vgl. Asche/Schüller 2008:32). Abbildung 2.3 gibt einen Überblick über die wichtigsten Akteure im chinesischen System der EP und EZ:

Abbildung 2.3: Die wichtigsten Akteure im chinesischen EP/EZ-System

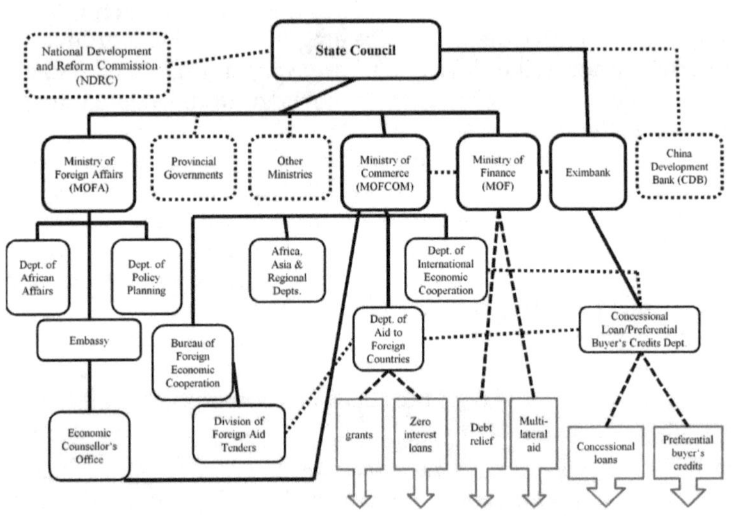

Quelle: modifiziert übernommen aus: Brautigam (2010:108); Asche/Schüller (2008:33).

Drei zentrale Institutionen im chinesischen EH-System haben besonderes Gewicht: Das MOFCOM, MOFA und die Eximbank. Von besonderer Bedeutung in der chinesischen EZ ist das MOFCOM, das sowohl für zu- wie auch für abfließende EH-Gelder und auch die bilaterale EP zuständig ist. Dem MOFCOM unterstehen einige Abteilungen, die für EZ relevant sind (vgl. auch Asche/Schüller 2008:32-35; Brautigam 2009:107-111):

- Das DAFC ist die wohl wichtigste Abteilung für die chinesische EZ. Es ist für Chinas Außenhilfe zuständig. Speziell sollen hier entwicklungspolitische Pläne formuliert und für deren Umsetzung gesorgt werden. Zudem wird die Vergabe von Zuschüssen, zinsfreien Darlehen und die Unterzeichnung von vertraglichen Vereinbarungen mit ausländischen EZ-Partnern über diese Abteilung geregelt. Mit der Eximbank besteht eine enge Zusammenarbeit was Konzessionskredite betrifft. Nur etwa 100 Mitarbeiter sind im DAFC beschäftigt, was gerade im internationalen Vergleich sehr klein ist. Reichen die Ressourcen oder die Expertise nicht aus, werden diese aus anderen Abteilungen und Ministerien angefordert. Das DAFC hat keine Vertretungen im Ausland. Dies ist eine Erklärung für die geringe Mitarbeiterzahl.
- Das *Executive Bureau of Foreign Economic Cooperation* managt die Umsetzung der EZ-Projekte und verwaltet die TZ und die im DAFC beschlossenen Zuschüsse und zinsfreien Kredite.
- Das MOFCOM entscheidet außerdem über Konzessionskredite, die allerdings über die staatseigene Eximbank abgewickelt werden.[40] Zuständig hierfür ist das *Department of International Economic Cooperation* (nicht zu verwechseln mit dem o.g. *Executive Bureau*).
- Darüber hinaus gibt es Abteilungen, spezialisiert auf bestimmte Regionen. Darunter ist z.B. das *Department of West Asian and African Affairs* (DWAA). Diese Abteilungen übernehmen i.d.R. beratende Funktionen in entwicklungspolitischen Fragestellungen.

Zwischen MOFCOM und MOFA gibt es eine direkte Koordination in der EP, die auch mit anderen Ministerien in konkreten Fällen der EZ erfolgt. Das MOFA ist v.a. mit seiner Abteilung der Politikplanung (*Department of Policy Planning*) und regionalen Abteilungen wie beispielsweise dem

---

40 Diese Konzessionskredite werden von der Eximbank als mittel- und langfristige Niedrigzinskredite beschrieben, die von der Bank im Namen der chinesischen Regierung mit dem Ziel vergeben werden, die wirtschaftliche Entwicklung zu fördern und den Lebensstandard in EL zu verbessern. Zudem soll die wirtschaftliche Zusammenarbeit zwischen China und den EL dadurch verstärkt werden. Projekte, die mit diesen Krediten finanziert werden, sollen einen hohen sozialen Nutzen haben. Dabei werden i.d.R. chinesische Firmen mit der Durchführung beauftragt und die Kredite in chinesischer Währung ausgestellt. Vgl. Brautigam (2010:14).

Department of African Affairs an der Formulierung der EP des MOFCOM beteiligt. Ansonsten ist das MOFA für die chinesischen Botschaften verantwortlich. Der Staatsrat legt den Anteil der EH am nationalen Haushalt fest. Anschließend erfolgt eine Abstimmung über das Budget zwischen MOF und MOFCOM (genauer dem DAFC). Das MOF ist außerdem für die multilateralen Beiträge Chinas an internationale Organisationen verantwortlich (vgl. Brautigam 2009:107-111). Eine weitere Zuständigkeit des MOF liegt in der Abwicklung von Schuldenerlassen. Die direkte Planung, Bewerbung und Umsetzung von Projekten im Ausland erfolgt durch die Länderregierungen und die chinesischen Botschaften vor Ort. Dabei überwachen sog. *Counsellor Offices* die Durchführung der Projekte und berichten entsprechend an das MOFCOM. Personell bestehen sie meist nur aus wenigen oder sogar nur einem Mitarbeiter. Administrativ sind diese *Counsellor Offices* den Botschaften angegliedert, sie sind jedoch Untereinheiten des MOFCOM und unterliegen somit dessen Weisungen (vgl. Asche/Schüller 2008:33). Manche Projekte gehen noch immer direkt von Städten oder Provinzen aus. Das liegt daran, dass bis zur Reform der chinesischen EZ, Projekte teilweise in die Verantwortlichkeit von unterschiedlichen Provinzen verschoben wurde, so dass z.B. medizinische Hilfe überwiegend aus einer Provinz entsandt wurde (vgl. Brautigam 2009:117).

Die Eximbank ist eine 1994 gegründete Staatsbank, deren Führung direkt dem Staatsrat untergeordnet ist. Sie ist die einzige Bank in China, die Konzessionsdarlehen vergibt bzw. abwickelt. Darüber hinaus werden von der Bank auch Exportkredite[41] und Garantien für chinesische Investitionen im Ausland vergeben. Für diese Bereiche gibt es jeweils eigene Abteilungen. Seit 2007 ist die Eximbank die mit Abstand größte Exportkredit-Institution weltweit (vgl. Brautigam 2009:113). Auch die *China Development Bank* (CDB, *Guojia kaifa yinhang* 国家开发银行) vergibt Kredite, allerdings keine Konzessionskredite. Sie finanziert Investitionen im In- und Ausland zu Marktkonditionen, darunter auch EZ-Projekte, v.a. solche mit der Beteiligung an oder Gründung von Joint Venture-Unternehmen. Zusätzlich war die CDB mit einer Milliarde USD wesentlich an der Gründung des *China Africa Development Fund* (*Zhong fei fazhan jijin* 中非发展基金) beteiligt. Dieser unabhängige, kommerzielle Fonds investiert direkt in chinesische Unternehmen und Joint Ventures, die in

41 Die Exportkredite der Eximbank können bezuschusst werden, haben aber den Hauptzweck chinesische Exporte zu fördern. So sind die Zinsen dieser Kredite meist günstiger als zum Marktpreis, aber nicht so günstig wie Konzessionsdarlehen. Diese Kredite werden immer in ausländischer Währung ausgestellt. Vgl.: Brautigam (2010:14). Eine gute Darstellung der Abwicklung eines solchen Kredites liefert Brautigam (2009:143) in einer Abbildung.

Afrika tätig sind oder dort Geschäfte machen wollen. Ziel ist es laut der Website des Fonds, mit den Investitionen die wirtschaftliche Zusammenarbeit zwischen China und Afrika zu fördern und damit einen Beitrag zur wirtschaftlichen und sozialen Entwicklung afrikanischer Länder zu leisten (vgl. CDB 2005).

China leistet kaum EZ im Rahmen von Budgethilfe. Somit ist Chinas EZ überwiegend projektorientiert. Dabei sind sog. *Turn-Key*-Projekte dominierend. Dies sind Projekte, die von der Planung bis zur Übergabe von China bereitgestellt werden (vgl. Asche/Schüller 2008:35). Häufig bewerben sich Regierungen von Empfängerländern über die Botschaften Chinas vor Ort um Projekte (vgl Zhou 2008:41). Daraufhin erfolgt nach Rücksprache mit den zuständigen Ministerien (v.a. MOFCOM, MOFA, und MOF und ggf. dem Staatsrat) die Entscheidungsfindung (u.a. durch Machbarkeitsstudien) sowie anschließend die Planung und Durchführung. Diese Vorgehensweise basiert auf dem Vorbild Japans, dass in seiner EP so schon in den 1970er Jahren vorging.

2.4.4 Fakten zu Chinas Entwicklungshilfe und chinesische Entwicklungs-Projekte

Daten zur geleisteten Hilfe von chinesischer Seite kann man nicht mit den Berichten westlicher Geber vergleichen, die i.d.R. nach den Standards und Definitionen des DAC der OECD erfolgen, dort gesammelt, analysiert und veröffentlicht werden. Es gibt von chinesischer Regierungsseite kaum Publikationen über den finanziellen Umfang von geleisteter EZ. Wenn Zahlen veröffentlicht werden, sind diese mit Vorsicht zu betrachten, da nicht genau angegeben wird, was im Einzelnen zu den Hilfsgeldern gerechnet wird. Meist hat die Veröffentlichung solcher Zahlen das Ziel, Chinas Image international zu verbessern. Dass solche Daten nicht bzw. kaum veröffentlicht werden, lässt sich damit erklären, dass die chinesische Regierung solche Statistiken nicht veröffentlichen möchte oder dies nicht kann, was mit der relativ komplexen Vernetzung des EZ-Systems in China zusammenhängt.

Begründet wird diese Tatsache seitens der chinesischen Regierung hauptsächlich mit drei Argumenten: Erstens möchte China, dass sich alle Empfängerstaaten gleich behandelt fühlen und kein Land sich aufgrund geringerer Hilfsleistungen benachteiligt fühlt. Zweitens sei es Angelegenheit der Regierungen der Partnerländer, geleistete Hilfe in deren nationalen Statistiken zu erfassen. Und drittens werden solche Zahlen unter Berücksichtigung der eigenen Situation nicht öffentlich gemacht.

Wie schon erwähnt gibt es in China immer noch Armut und so könnte sich die Öffentlichkeit fragen, warum angesichts dieser Situation chinesisches Geld ins Ausland geschickt wird. Das MOFCOM argumentiert zudem damit, dass die Erfassung nicht auf internationalen Standards beruhe und somit immer die Gefahr einer Über- oder Unterbewertung bestehen könnte (vgl. Asche/Schüller 2008:37f.).

Obwohl es schwierig ist, zuverlässiges Zahlenmaterial über die Ausgaben der chinesischen EZ zu erhalten, zeigt Abbildung 2.4 Zahlen, die die Höhe der chinesischen EH relativ glaubwürdig wiedergeben[42]:

Abbildung 2.4: Ausgaben in der chinesischen EZ 1953-2004

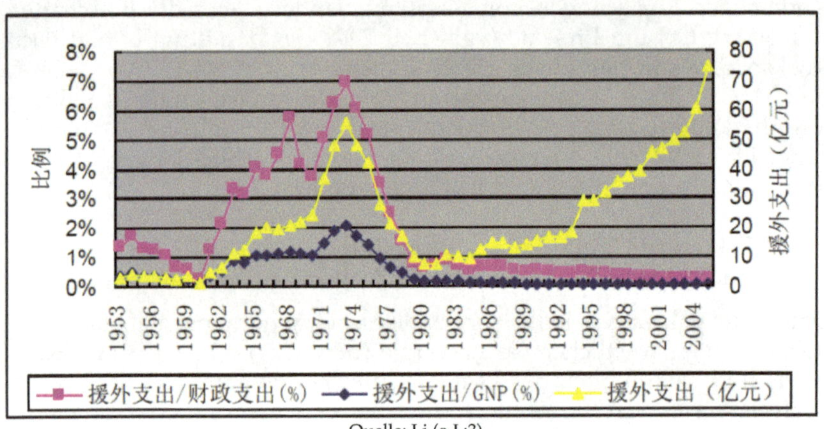

Quelle: Li (o.J.:3).

Auf der linken Abszisse sind Prozentzahlen abgetragen, auf der rechten Abszisse die EH-Ausgaben in Milliarden Yuan (bzw. *Renminbi* 人民币, RMB). Die mit Quadraten gekennzeichnete Kurve beschreibt den prozentualen Anteil der EH-Ausgaben an den gesamten finanziellen Staatsausgaben, die mit Rauten versehene Kurve zeigt die EH-Ausgaben als Anteil des BIP (in Prozent) und die mit Dreiecken dargestellte Linie gibt die absolute Höhe (in Milliarden Yuan) der EH-Ausgaben im Zeitverlauf an.

An dieser Stelle ist darauf hinzuweisen, dass die angegebenen Zahlen schwer zu interpretieren sind. Es ist nicht transparent, was von chinesischer Seite an Hilfe und Unterstützung zu diesen Ausgaben gezählt

42 Die Zahlen stammen von einem chinesischen Professor der Chinesischen Landwirtschaftsuniversität und wurden von der OECD veröffentlicht. Daher kann hier von relativ glaubwürdigen Zahlen gesprochen werden. Dies betrifft jedoch nicht unbedingt die Transparenz der Zahlen.

wird.[43] Beispielsweise geht Taake (in: Thiel 1996:233) davon aus, dass in veröffentlichten Zahlen u.a. Militärhilfe enthalten sein dürfte. Aus diesem und anderen Gründen lässt sich die chinesische Hilfe anhand der Ausgaben nicht mit der westlichen ODA vergleichen (beispielsweise im Hinblick auf die Personalkosten). Bartke (1989:7) weist darauf hin, dass zum finanziellen Vergleich die chinesischen Kosten etwa mit dem Faktor 10 bis 20 multipliziert werden müssten.

Der Großteil chinesischer Hilfsgelder ging an afrikanische Staaten, gefolgt von Asien (hier v.a. an Nachbarstaaten) und vom Mittleren Osten an dritter Stelle. Lateinamerika erhielt erst ab 1971 Hilfe und war lange Zeit relativ unbedeutend. Im Rahmen der Rohstoffsicherung gerade in den letzten 10 bis 15 Jahren haben lateinamerikanische Staaten jedoch wesentlich mehr Bedeutung erhalten. Interessant ist, dass Malta als einziges europäisches Land 1972 Empfänger chinesischer EH war. Die Hilfe im Wert von knapp 40 Millionen USD erfolgte im Rahmen politischer Gesinnung, nachdem 1971 in Malta die sozialistische Labour Party in die Regierung gewählt wurde (vgl. Bartke 1989:7).

Prestigeprojekt Chinas war lange Zeit der Bau der Eisenbahnlinie zwischen Sambia und Tansania (*Tan-Zam Railway*), das 1967 beschlossen wurde. Während die WB und westliche Länder, wie Deutschland, Großbritannien und Kanada, den Bau der Eisenbahnstrecke ablehnten, erklärte sich China dazu bereit. Grund dafür dürfte v.a. die lange Freundschaft und ideologische Verbundenheit zu den damals sozialistischen, afrikanischen Nachbarstaaten gewesen sein. Von den Kupferminen Sambias bis zum Meer in Tansania, umfasst die Stecke knapp 2000 Kilometer. Der Bau dauerte von 1970 bis 1975 und wurde somit zwei Jahre früher als geplant fertig gestellt. Allerdings wurde das Projekt nach der Übergabe an die beiden Staaten 1976 fortwährend zum Problemfall, da lokale Arbeiter mit Technik, Instandhaltung und Management des Bahnbetriebs überfordert waren (vgl. auch Brautigam 2009:40f.; 84f.). Noch 2010 vergab China einen zinsfreien Kredit in Höhe von 39 Millionen USD an das staatliche Betreiber-Unternehmen, um einen Bankrott zu verhindern (vgl. Lusaka Times 2010).

Chinas Premierminister Wen Jiabao hat 2008 verkündet, dass China in 50 Jahren der EZ insgesamt 30 Milliarden USD zur Verfügung gestellt habe,

43 Im Gegensatz zu westlicher Hilfe, insbesondere ODA, da hierfür eine genaue Definition besteht. Viele westliche Länder arbeiten allerdings mit Zahlentricks, lassen beispielsweise die einmaligen Schuldenerlasse in die laufende ODA einfließen und schönen so die Statistiken. Trotzdem sind bei diesen Zahlen die Wege und die Quellen nachzuvollziehen und zu recherchieren, was im Falle Chinas häufig auf Schätzungen und inoffiziellen Angaben beruht.

darunter etwa 13,3 Milliarden USD an Zuschüssen (vgl. Brautigam 2009:21). Dem DAFC des MOFCOM zufolge hat China bis Ende 2007 fällige Schulden in 374 Fällen von 49 besonders armen und verschuldeten Ländern gestrichen (vgl. Xinhua 2008). Bis Ende 2009 hat China etwa 2,7 Milliarden USD an überfälligen Schulden afrikanischer Staaten erlassen, was etwa 60% der Gesamtschuld afrikanischer Länder an China ausmacht (vgl. Brautigam 2009:27).

2.4.5 Kritische Betrachtung des entwicklungspolitischen Engagements Chinas

China steht nicht alleine mit seinem Eintreten für eine „andere Art“ EP bzw. EZ. Zahlreiche weitere EL, darunter das demokratische Indien, lehnen die Einmischung in innere Angelegenheiten im Zuge von Entwicklungskooperation und Wirtschaftsbeziehungen ebenfalls ab. Konditionalität wird insofern als Zeichen „…moralischer Überheblichkeit und neokolonialer Zwang…“ (Laufer/Grimm/Fues 2006:2) betrachtet. Schon 1974 wurde im Rahmen der UN, auf Initiative vieler EL hin, eine Resolution verabschiedet, die für die „Schaffung einer neuen internationalen Wirtschaftsordnung“ plädierte.[44] Dazu gehörte v.a. die Erhöhung von EH und deren Leistung ohne Konditionalitäten. Faktisch blieb dies allerdings eine Absichtserklärung und weitestgehend wirkungslos.

Oftmals scheint Chinas Verhalten bezüglich der Nicht-Einmischung in innere Angelegenheiten etwas ambivalent. Denn es kann durchaus in einigen Fällen von Einmischung im Gegensatz zur proklamierten Neutralität gesprochen werden, beispielsweise in Sambia. Oder es wurden Unrechtsregime wie in Simbabwe unterstützt. Auch andere Länder taten das. Russland etwa war der Hauptlieferant des Sudan für Militärflugzeuge und konventionelle Waffen. Japan und Indien importierten sudanesisches Öl. Britische und kanadische Firmen hatten Unternehmungen in zentralen strategischen Industriezweigen im Sudan (vgl. Brautigam 2009:283). China bekennt sich in vielen Dokumenten zu Demokratie, Menschenrechten und Rechtsstaatlichkeit, was in Bezug auf o.g. konkrete Politiken widersprüchlich erscheinen mag. Zu erwähnen bleibt an dieser Stelle auch, dass die Kluft zwischen Anspruch und Wirklichkeit bei westlichen Ländern ebenfalls vorhanden ist und berücksichtigt werden muss. Westliche Regierungen sprechen häufig die Befürchtung aus, dass durch die Nicht-Konditionalität der chinesischen Hilfe langwierige Bemühungen westlicher EP v.a. in den Bereichen von Good Governance

---

44 Die Resolution im englischen Wortlaut zu finden unter: http://www.un-documents.net/s6r3201.htm [01.03.2011].

zunichte gemacht werden. Auch dies ist teilweise richtig, lässt aber außer Acht, dass China sich diesbezüglich zunehmend zum Positiven verändert.[45] Es bleibt dahingestellt, in welchem Umfang hieraus die Sorge um eigene Machtpositionen spricht. Abgesehen davon, halten sich westliche Länder und Unternehmen häufig ebenfalls nicht an diese hohen, von ihnen selbst proklamierten Standards. Ein weiterer Aspekt ist der, dass die Empfängerländer sich oft gar nicht an die gestellten Konditionen der westlichen Geber halten, diese aber ungeachtet dessen weiter Hilfe leisten (vgl. auch Brautigam 2009:149).

Ein weiterer Vorwurf an Chinas EH lautet, dass China nur sog. „gebundene EH" (siehe Fußnote 15) leiste, die der Westen angeblich schon seit Jahren nicht mehr praktizieren würde. Ein Blick auf die Internetseiten der westlichen Geberländer genügt, um zu zeigen, dass noch immer ein großer Teil der westlichen Hilfe gebunden ist. Dort werden in vielen Fällen die EH-Tätigkeiten der Geberländer genau damit den Wählern gegenüber gerechtfertigt. Für China, selbst noch EL, ist EH ein Mittel, um die eigene Entwicklung weiter voran zu bringen. Der gegenseitige Nutzen wird immer wieder betont.

Im Zentrum der Kritik an Chinas entwicklungspolitischem Engagement, gerade in Afrika oder Lateinamerika, steht der Vorwurf, China interessierten nur die natürlichen Ressourcen. Dies mag zum Teil stimmen, ist aber nicht ganz korrekt. Ein Gegenargument ist, dass China anscheinend nicht mehr Hilfe an Länder gibt, die über große natürliche Ressourcenvorkommen verfügen als an Länder ohne wichtige Ressourcen. Ein wichtiger Teil der chinesischen EZ-Strategie besteht darin, Geschäftsfelder für den chinesischen Markt und chinesische Unternehmen zu öffnen. Das gleiche tut der Westen. Im Unterschied zu den reicheren Ländern sieht China z.B. in der Schaffung von Infrastruktur in sehr armen EL Profitmöglichkeiten (vgl. auch Brautigam 2009:277-281).

Im November 2010 hat ein Berater der chinesischen Regierung in Fragen der Reformpolitik und angesehener Ökonom und Politologe an der Universität für Wissenschaft und Technologie in Hong Kong, in einem Interview festgestellt, dass sich China in letzter Zeit (seiner Macht und Stärke wohl bewusst) zunehmend schroffer verhält, im Vergleich zur lange praktizierten soft power. Dabei trete China beispielsweise in Afrika, Südostasien oder internationalen Organisationen häufig so auf, wie es die Kolonialmächte vor 300 Jahren getan hätten (vgl. Bartsch 2010).

45 Wie z.B. in Simbabwe, wo China sich auch infolge des internationalen Drucks verstärkt um Friedensschaffung sowie Vermittlung bemüht und recht große Kontingente der UN-Friedenstruppen stellt

Diesen, besonders im Zusammenhang mit dem wirtschaftlichen und entwicklungspolitischen Auftreten in Afrika, öfter aufkommendem Vorwurf des Neokolonialismus, weist China entschieden zurück und betont den eigenen Status als EL. Zwar sieht sich die VR in einer Führungsrolle der EL, unterstreicht aber immer wieder die Kooperation auf Augenhöhe und die Gleichheit mit anderen EL (vgl. Asche/Schüller 2008:14).

Es gibt viel Kritik an Chinas Engagement in EL, besonders in Afrika. China handelt einerseits im eigenen Interesse. Teilweise ist die Kritik berechtigt, bedarf aber der Anmerkung, dass diese auf westliche Länder genauso zutrifft. Andererseits, und auch das ist Teil der chinesischen Prinzipien der EZ, wird der gegenseitige Nutzen der Zusammenarbeit betont. Festzuhalten bleibt, dass Chinas EZ in EL förderlich sein kann, aber genauso objektiver Kritik bedarf, wie das bei westlichen Ländern und internationalen Organisationen der Fall ist. Statt sich auf das Wohl der EL zu konzentrieren, richtet sich die Diskussion häufig auf die Richtigkeit der praktizierten Entwicklungsmodelle, die verschiedene Seiten als Patentrezept verteidigen.

3 Die Weltbankgruppe

3.1 Gründung und Ziele

Durch den zweiten Weltkrieg entwickelten sich die USA zur führenden Weltmacht. Waffenverkäufe und Rüstungskredite sorgten dafür, dass die USA zum größten Gläubiger der Welt wurden. Gleichzeitig entwickelte sich Großbritannien, schwer angeschlagen durch die Zerstörungen des Krieges, zum Hauptschuldner der USA. Noch während des Krieges wurden sowohl von Amerikanern als auch von Briten Pläne für eine neue Weltwirtschaftsordnung nach dem Krieg entwickelt. In diesen Plänen wurden Notwendigkeiten und Möglichkeiten zum Wiederaufbau, v.a. Europas, diskutiert. Unter finanziellen Aspekten spielten dabei die Finanzierung des Wiederaufbaus und die dafür notwendigen Ressourcen eine große Rolle. Abgesehen davon ging es darum, stabilere Rahmenbedingungen im Finanzsektor zu schaffen, um Entwicklungen wie die Hyperinflation der 1920er und 30er Jahre und die daraus resultierende Massenarbeitslosigkeit zu verhindern. Beide Aspekte bildeten u.a. die Basis für die Machtergreifung Hitlers. Außerdem sollte der internationale Handel reglementiert werden. Dies waren die Hauptpunkte, die im Juni 1944 auf einer vorbereitenden Konferenz in Atlantic City (USA) zur Diskussion standen (vgl. Gerhard 1978:234f.). Dabei waren v.a. die Pläne zweier Personen von Bedeutung: Auf amerikanischer Seite war dies der Ökonom und Politiker Harry Dexter White, der unter Finanzminister Henry Morgenthau auf der Konferenz als US-Verhandlungsführer fungierte. Für die britische Regierung vertrat John Maynard Keynes seine Ideen.

Whites Plan schlug die Gründung eines Fonds vor, in die die Mitgliedsländer einzahlen und auf Grundlage dessen Kredite an Länder vergeben werden sollten, die diese benötigten, um ihr Finanz-, Währungs- und Wirtschaftssystem zu stabilisieren. Der Plan setzte hierfür feste Wechselkurse zwischen den Währungen voraus. Keynes hingegen plädierte für die Schaffung einer internationalen Verrechnungsstelle (*International Clearing Union*). Diese sollte den internationalen Zahlungsverkehr regeln und überwachen. Dazu sollte eine unabhängige, virtuelle Währung geschaffen werden, der Bancor, dessen Wert in Gold definiert werden sollte. Die nationalen Währungen sollten in Bezug auf diesen Wert fixiert werden. Die unterschiedlichen Pläne waren durch die finanzielle und wirtschaftliche Situation der USA einerseits und Großbritanniens andererseits geprägt. Aufgrund der stärkeren Position der USA, konnte White sich letztlich in vielen Punkten mit seinen Vorstellungen durchsetzen.

Vom 1. bis 22. Juli 1944 fand die sog. Bretton Woods-Konferenz statt.[46] 45 Nationen nahmen an der Konferenz teil, darunter auch China. Es sollten Institutionen geschaffen werden, die die erwähnten Ziele implementieren sollten. Diese Ziele sollten v.a. durch die Schaffung stabiler Wechselkurse zwischen Währungen erreicht werden. So sollte der internationale Handel erleichtert und folglich die Wirtschaft weltweit stimuliert werden. Bis Ende des Jahres 1944 hatten alle Teilnehmerländer die Vereinbarungen unterzeichnet und ratifiziert. Ausnahme war und blieb die Sowjetunion.

Zentraler Bestandteil des Bretton Woods-Abkommens war die Schaffung des sog. Gold-Dollar-Standards. Hier wurde das Tauschverhältnis zwischen USD und einer Unze Gold festgelegt. Der Preis einer Unze Gold (31,104 Gramm) wurde mit 35 USD fixiert. Die Zentralbank der USA (*Federal Reserve System*, FED) erklärte sich bereit, die entstandene Gleichstellung zwischen USD und Gold durch Goldankäufe und -verkäufe zu garantieren. Die nationalen Währungen der Mitgliedstaaten wurden im Verhältnis zum USD festgelegt. Damit konnte der Goldpreis und auch der Wert der nationalen Währungen auf längere Zeit stabilisiert werden. Gleichzeitig war dies eine Verpflichtung der FED, die Goldreserven jedes Mitgliedslandes jederzeit zum festgelegten Preis von 35 USD je Unze Feingold einzutauschen oder umgekehrt.

Ursprünglich sollten auf der Konferenz drei Institutionen gegründet werden. Am weitesten fortgeschritten waren die Pläne für den IMF, während die Pläne für die WB eigentlich ein Nebenprodukt dieser Institution darstellten (vgl. auch Marshall 2008:25). Der IMF stellte im Prinzip den bereits erwähnten Fonds nach Vorschlag Whites dar, der zusammen mit der WB für die Durchsetzung und das Funktionieren des Bretton Woods-Systems sorgen sollte, welches jedoch zwischen 1971 und 1973 zusammenbrach. Einige Aufgaben betreffend, nehmen WB und IMF allerdings vertauschte Rollen ein, was Keynes zu der Aussage veranlasste, die WB sollte als Fonds und der IMF als Bank bezeichnet werden (vgl. Discroll 1996:1). WB und IMF werden vor diesem historischen Hintergrund auch als Bretton Woods-Institutionen oder *Bretton Woods Twins* bezeichnet.

Der ursprüngliche und offizielle Name der WB war *International Bank for Reconstruction and Development* (IBRD), der auch heute noch gültig ist. Schon kurz nach der Gründung der IBRD, wurde der Begriff „Weltbank" geprägt. Verantwortlich dafür war ein Journalist, dem der offizielle Na-

46 Offizieller Titel der Veranstaltung war: „United Nations Monetary and Financial Conference".

me zu lang und zu kompliziert für die Berichterstattung schien und die Institution als Weltbank bezeichnete. Dieser kurze, prägnante Ausdruck wurde zunehmend in nahezu allen Bereichen benutzt. 1975 wurde der Name offiziell übernommen, bezeichnet aber die beiden zentralen Entwicklungsorganisationen der WB-Gruppe, die IBRD und die *International Development Association*, IDA (vgl. Lordan 2009:17). Die dritte geplante Institution war die International Trade Organisation, zu deren Gründung es allerdings aufgrund zu großer Differenzen zwischen den Mitgliedsländern nicht kam. Stattdessen wurde 1947 ein Abkommen, das Teil dieser geplanten Institution werden sollte, das *General Agreement on Tariffs and Trade* (GATT), als völkerrechtlicher Vertrag der Mitgliedsländer geschlossen. Im April 1994 wurde auf Grundlage des GATT und zwei weiterer Kernverträge[47] schließlich doch eine internationale Organisation gegründet: Die Welthandelsorganisation (*World Trade Organisation*, WTO), die zum 1.1.1995 offiziell ihre Tätigkeit aufnahm.

3.2 Geschichte nach Gründung der Weltbank

Die WB hat sich seit ihrer Gründung sehr verändert. Diese Veränderungen betreffen die Struktur der Organisation und in Folge dessen auch die Grundlage ihrer Existenz. Allerdings ist dies nicht weiter verwunderlich, da sich seit der Gründung 1944 die Welt in vielen Bereichen grundlegend verändert hat. Der Wiederaufbau vieler Staaten und deren Wirtschaftssysteme nach dem zweiten Weltkrieg, Dekolonisierung, Ölkrisen, Kalter Krieg, Zerfall der Sowjetunion, Wiedervereinigung Deutschlands, Terroranschläge mit fundamentalistisch-islamistischen Hintergründen, Irak- und Afghanistan-Kriege, Globalisierung sowie bittere Armut als Folge bzw. Nebenprodukt der Globalisierung sind nur einige zentrale Stichpunkte, die die Politik, aber auch die Gesellschaften der Erde beeinflusst und verändert haben, ebenso wie die WB selbst und deren Arbeit.

Ein kurzer geschichtlicher Abriss soll die Entwicklung der WB skizzieren. Nach der Gründung der IBRD 1944-1945 ging es zunächst um eher organisatorische Punkte. Der Hauptsitz der Bretton Woods-Organisationen sollte beim größten Anteilseigner liegen. Dabei setzte sich letztendlich Washington D.C. gegen New York City durch, was bis heute als Indiz dafür herangezogen wird, dass hier der Wille zur politischen Einflussnahme (besonders durch die USA) Grundlage für diese

47 Neben GATT noch das GATS (*General Agreement on Trade in Services*, das allgemeine Abkommen über Handel mit Dienstleistungen) und TRIPS (*Agreement on Trade-Related Aspects of Intellectual Property Rights*, das Übereinkommen über handelsbezogene Aspekte der Rechte am geistigen Eigentum).

Entscheidung war. Zudem setzten sich die USA mit ihren Forderungen durch, die Leitung der Institutionen festen und hochbezahlten Gremien zu übergeben, um eine kontinuierliche Politik zu gewährleisten. Im Gegensatz dazu steht ein zentraler Punkt der Gründung der WB. In Artikel vier, Abschnitt zehn wird die Vorgabe dokumentiert, dass sich die Bank nicht in interne Angelegenheiten eines Landes einmischen und Entscheidungen nur nach ökonomischen Gesichtspunkten treffen soll (vgl. World Bank 1989:11). Der Präsident der IBRD war und ist immer ein US-Amerikaner. Hierfür gibt es zwar keine offizielle Vereinbarung, dies ist aber seit Mitte der 1970er Jahre eine informelle Übereinkunft der Mitgliedstaaten. Die USA stellen den WB-Präsidenten, der Präsident des IMF ist immer ein Europäer. Um auch den EL eine Stimme zu verleihen, hat man sich darauf geeinigt, dass der UN-Generalsekretär stets aus einem EL kommen sollte.

Die gerade angesprochene Durchsetzungskraft bzw. Macht der USA in den Organisationen rührt v.a. daher, dass sie als größte bzw. stärkste VW ihre politische Stellung während und nach dem Zweiten Weltkrieg enorm ausbauen konnten. Zu dieser Zeit verfügten die USA über die größten Goldreserven der Welt (ca. 60%; vgl. Volz 2000:63). Mit 35,07% der Stimmrechte waren die USA auch der größte Anteilseigner, Großbritannien mit 14,52% zweitmächtigstes Mitglied (vgl. Culpeper 1997:25). Das Gründungskapital betrug insgesamt zehn Milliarden USD, eingezahlt von den Mitgliedern im Verhältnis zu den nationalen finanziellen Kapazitäten. Es sollten dabei zunächst nur 20% tatsächlich gezahlt werden, die restlichen 80% sollten als Garantiefonds zur Verfügung gestellt werden, die die Bank bei Bedarf abrufen können sollte. Letztlich wurden nur 2% des Gründungskapitals in Gold oder USD eingezahlt (vgl. Culpeper 1997:25; 45; Marshall 2008:30).

Die ersten Jahre der Bank waren geprägt von Verhandlungen über Organisation und Arbeitsweise der Institution. Drei Präsidenten in den ersten vier Jahren sind hierfür ein deutliches Zeichen. Man beschränkte sich in der Arbeit auf den Wiederaufbau, insbesondere in Europa und Asien. Erste Kredite wurden 1947 vergeben, darunter 250 Millionen USD an Frankreich, 195 Millionen USD an die Niederlande, 40 Millionen USD an Dänemark und 12 Millionen USD an Luxemburg (vgl. Marshall 2008:29). Die Finanzstruktur der WB war noch immer provisorisch und stark abhängig von den Einzahlungen der USA. Auch aus diesem Grund wurde 1947 der Marshall Plan implementiert, der wesentlich größere finanzielle Mittel für den Aufbau Europas zur Verfügung stellte.[48] Fortan

48 Der Marshall-Plan war ein Wiederaufbauprogramm von der US-Regierung unter Truman für die Wirtschaft der Westeuropäischen Staaten. Offizieller

wurde der Wiederaufbau in geringerem Umfang als Aufgabe der WB gesehen. Stattdessen begann die Entwicklungsarbeit ins Zentrum der Aufgaben der WB zu rücken, auch wenn damals wie heute noch immer Hilfe für Wiederaufbau nach Naturkatastrophen und Kriegen geleistet wird.

Ebenfalls 1947 wurden die Bretton Woods-Zwillinge nach schwierigen Verhandlungen zu Sonderorganisationen der UN.[49] Die Zusammenarbeit zwischen der WB und der UN wird vom ECOSOC koordiniert. Die WB (und auch der IMF) geben in diesem Rahmen jährliche Entwicklungsberichte heraus, die ursprünglich nur für den ECOSOC gedacht waren, inzwischen aber auch weit darüber hinaus Beachtung finden. Der erste Entwicklungskredit wurde 1948 an Chile vergeben, gefolgt von Darlehen an Mexiko und Brasilien Anfang 1949 (vgl. Marshall 2008:29). Bis Mitte der 1950er Jahre hatte sich die WB stabilisiert und an den Finanzmärkten war ihr Ruf als Emittent von Anleihen inzwischen gefestigt. Dies führte 1959 auch zu einer sehr guten Risikoeinstufung durch Rating-Agenturen (vgl. Marshall 2008:30).

1956 wurde die erste Tochterorganisation der IBRD, die *International Finance Corporation* (IFC) gegründet. Bis dahin gingen Kredite der WB ausschließlich an Regierungen. Um nun auch im privaten Sektor fördern zu können, wurde die IFC ins Leben gerufen, die Kredite an private Unternehmen in EL sowie an ausländische Unternehmen vergibt, die in EL investieren wollen. Eine weitere Tochtergesellschaft wurde 1960 gegründet. Die IDA sollte zinsfreie Kredite oder Zuschüsse an die LDCs vergeben. Die wachsende Anzahl an Mitgliedern in der WB-Gruppe führte vermehrt zu Streitfällen unter Mitgliedsländern, aber auch zwischen Regierungen und privaten Investoren in EL. Dieser Tatsache Rechnung tragend, wurde 1966 eine weitere Tochterorganisation ge-

---

Name des Programms war *European Recovery Program*. Initiiert wurde es vom damaligen US-Außenminister George C. Marshall, dessen Name für die Bezeichnung des Programms Pate stand. Es wurden etwa 13 Milliarden USD zur Verfügung gestellt (was im Jahr 2007 etwa 75 Milliarden Euro entsprochen hätte). Zur Umsetzung, Verteilung und Überwachung des Programms wurde die Organisation für europäische wirtschaftliche Zusammenarbeit (*Organization for European Economic Cooperation*) gegründet, aus der sich 1961 die OECD entwickelte.

49 Hierbei wird im Allgemeinen nach Artikel 63 der UN-Charta ein völkerrechtlicher Vertrag zwischen der rechtlich, organisatorisch und finanziell unabhängigen Organisation und den UN geschlossen, in dem sich die Organisation zur Anerkennung der UN-Charta und damit z.B. zu den Menschenrechten bekennt. Außerdem wird in dem Vertrag die Zusammenarbeit zwischen UN und der entsprechenden Organisation geregelt.

gründet. Das *International Center for Settlement of Investment Disputes* (ICSID) sollte eine rechtliche Grundlage für die Vermittlung in Streitfällen schaffen und entsprechend für Konfliktlösungen sowie Kompromissfindungen sorgen. Die vierte und letzte Tochterorganisation wurde 1988 nach etwa drei Jahren Vorlaufzeit gegründet. Die *Multilateral Investment Guarantee Agency* (MIGA) arbeitet ebenfalls mit dem privaten Sektor und sichert Investitionen in EL ab, um ausländische Direktinvestitionen in EL zu fördern.

Die Politik der WB hat sich im Laufe der Zeit mehrmals geändert. Dies beruht teilweise auf Veränderungen im entwicklungstheoretischen Bereich, die wiederum oftmals von der WB initiiert wurden. Andererseits wurde die Politik der WB auch stets von Veränderungen in der Welt geprägt, die eingangs schon erwähnt wurden. Einen guten Überblick erhält man wie im ersten Kapitel (1.3) beschrieben, durch die Einteilung in bestimmte Phasen.

Robert S. McNamara, fünfter Präsident der WB, ist in der Geschichte der Institution besonders erwähnenswert. Mit der längsten Dienstzeit eines WB-Präsidenten (13 Jahre) hat er die Entwicklung der WB-Gruppe maßgeblich geprägt. Auch seine eigene Entwicklung, vom „Falken" als US-Verteidigungsminister während des Vietnam-Krieges hin zum Verfechter der absoluten atomaren Abrüstung, ist beachtenswert (vgl. dazu z.B. Friederichs 2009). Unter McNamara wurde der Fokus der WB auf die Armutsbekämpfung gerichtet. In diesem Zusammenhang wurde die Notwendigkeit eines stärkeren finanziellen Engagements, in der EP und EZ insgesamt, betont. Zudem wurden unter seiner Leitung wichtige Bereiche, die als Indikatoren von Armut gelten, wesentlich stärker beachtet und gefördert, darunter Gesundheit, Bildung und Ernährung (vgl. Marshall 2008:39).

Ein Indiz für die Wandlung der Schwerpunkte sind am Beispiel des Credos der WB zu erkennen: In der Zentrale der WB in Washington D.C. findet man im Eingangsbereich den Schriftzug *„Dreaming of a World Free of Poverty"*, während auf den Internetseiten inzwischen eine leichte Abwandlung dessen zu lesen ist: *„Working for a World Free of Poverty"*.[50]

3.3 Die Organisationen der Weltbankgruppe

Die IBRD stellte ursprünglich die einzige Institution der WB dar. Lange Zeit war der Begriff nur die umgangssprachliche Bezeichnung für die IBRD. 1975 wurde der Name auch offiziell eingeführt und umfasst heute

50 Vgl. URL: www.worldbank.org. [20.11.2010]. Vgl. auch Marshall (2008:1).

IBRD und IDA, die ihre eigenen Bezeichnungen beibehielten (vgl. World Bank 2010). Die WB-Gruppe besteht aus fünf Organisationen. Einen kurzen Überblick dazu gibt Abbildung 3.1:

Abbildung 3.1: Die Organisationen der Weltbankgruppe

Quelle: Kanadisches Finanzministerium unter http://www.fin.gc.ca/bretwood/images/bretwd08_04-eng.gif [Stand: 03.01.2011].

Nur die IBRD und die IDA führen klassische FZ durch. Partner der WB sind bei diesen beiden Organisationen ausschließlich Regierungen. Die drei anderen Organisationen arbeiten mit dem privaten Sektor zusammen bzw. dienen zur Vermittlung zwischen EL und privaten Investoren.

Die WB-Gruppe beschäftigte 2010 etwa 11.000 Mitarbeiter aus 161 Ländern. Rund ein Drittel der Mitarbeiter ist in einem der 120 Länderbüros beschäftigt. Die Arbeitssprache ist Englisch. Inzwischen werden ein Großteil der Dokumente sowie die Internetseite in einer Vielzahl von Sprachen bereit gestellt. Dazu gehören beispielsweise Französisch, Spanisch, Russisch, Arabisch oder Chinesisch. Derzeit gehören der WB-Gruppe 187 Mitglieder an, wobei sich diese Angabe auf die IBRD bezieht. Die Tochterorganisationen haben unterschiedliche Mitgliederzahlen. Eine Mitgliedschaft in einer der Tochterorganisationen der WB bedingt die Mitgliedschaft in der IBRD, die wiederum die Mitgliedschaft im IMF voraussetzt (und umgekehrt).

Repräsentiert werden die Mitgliedsländer durch Gouverneure, i.d.R. die Finanz- oder Entwicklungsminister der Mitgliedstaaten. Diese kommen jährlich im Rahmen der Jahrestagung von IMF und WB zusammen. 24 Gouverneure gehören dem gemeinsamen Entwicklungsausschuss (*Deve-*

lopment Committee, DC) von IMF und WB an. Hauptverantwortlich für das laufende Geschäft der Bank ist das 24-köpfige Exekutivdirektorium. Die Zusammensetzung von DC und Exekutivdirektorium ist analog: die acht größten Anteilseigner der WB (USA, Japan, China, Deutschland, Großbritannien, Frankreich, Saudi Arabien und Russland) bestimmen jeweils selbst einen Direktor, die restlichen 16 Mitglieder werden in Stimmrechtgruppen gewählt. Beispielsweise vertreten nur zwei Direktoren 47 Staaten Afrikas (derzeit wird über einen dritten afrikanischen Direktor verhandelt). Das Exekutivdirektorium ist verantwortlich für das laufende Geschäft. Hier werden in zwei Sitzungen pro Woche die vom Präsidenten vorgelegten Strategien diskutiert, Budgetentscheidungen getroffen und jedes einzelne Darlehen oder Projekt geprüft und genehmigt.

Der Präsident ist für die Gesamtstrategie verantwortlich und steht den Exekutivdirektorien aller fünf Institutionen der WB-Gruppe vor. Er wird formal vom Exekutivdirektorium (auf Vorschlag der USA) für fünf Jahre gewählt. Amtierender Präsident ist seit 2007 Robert B. Zoellick. Auf der zweiten Management-Ebene der WB stehen die Geschäftsführer (*Managing Directors*). In der dritten Ebene findet man die Vize-Präsidenten, die zuständig für Weltregionen (z.B. Subsahara-Afrika oder Südasien), thematische Bereiche (z.B. Infrastruktur oder Privatsektorentwicklung) oder administrative Funktionen (z.B. Controlling oder Personalabteilung) sind.

Um sektorspezifisches Wissen mit länderspezifischem Wissen verbinden und optimal nutzen zu können, gibt es seit Mitte der 1990er Jahre eine „Matrix-Organisation" für die Arbeitsauf- und -einteilung innerhalb der WB. D.h., die meisten Mitarbeiter gehören sowohl Fachgruppen als auch regionalen Abteilungen an, um Synergien zu nutzen.

Gerade Wissen und Informationen sind enorm wichtige Faktoren in der WB-Gruppe. So wird dens Mitgliedern nicht nur finanzielle Hilfe angeboten, sondern v.a. auch die Vermittlung von Wissen, in Form von Technischer Hilfe, Aus- und Weiterbildung, Bereitstellung von Informationen und Beratung in vielen Bereichen, z.B. Gesundheit, Infrastruktur, Bildung oder sog. guter Regierungsführung (vgl. dazu World Bank o.J.).

Die WB-Gruppe unterstützt zudem eine Reihe von Organisationen und Programmen und arbeitet mit diesen eng zusammen. Besonders erwähnenswert sind hier die UN. Da die WB eine Sonderorganisation der UN ist, findet hier ein reger Austausch auf vielen Ebenen statt. Dementsprechend ist die Zusammenarbeit mit Programmen und Sonderprogrammen der UN, wie beispielsweise der UNCTAD oder UNDP sehr intensiv. Daneben werden insbesondere Programme und Organisationen unterstützt, zu denen u.a. folgende Institutionen zählen, die speziell auf die Erreichung der MDG abzielen: die *Global Alliance for Vaccines and Immunization* (GAVI), die *Consultative Group for International Agricultural Research* (CGIAR), *The Carbon Fund*, das *Joint United Nations Program on HIV/AIDS* (UNAIDS), *Education for All* oder die GEF.[51]

3.3.1 *International Bank for Reconstruction and Development* (IBRD)

Älteste Institution der WB-Gruppe ist die IBRD, die wie oben dargestellt 1944 gegründet wurde. Sie soll mit ihren Mitteln die Armutsbekämpfung in den sog. Ländern mit mittleren Einkommen (MICs) und kreditwürdigen armen Ländern unterstützen.

Die Bank finanziert sich zum einen aus Beiträgen der Mitglieder, zum anderen (und das hauptsächlich) durch die Ausgabe von Anleihen an den internationalen Finanzmärkten.[52] Die WB-Gruppe hat mit der Einstufung „AAA“ ein hervorragendes Rating. I.d.R. erwirtschaftet die IBRD einen Überschuss, der zum Teil die laufenden operativen Kosten der Bank abdeckt, zum Teil das Eigenkapital der IBRD aufstockt und zu weiteren Teilen an die IDA weitergeleitet wird.

Die IBRD hat derzeit 187 Mitglieder. Im Geschäftsjahr 2010 (Juli 2009-Juni 2010) hat die Bank Neuzusagen von insgesamt 44,2 Milliarden USD gemacht. Kredite werden in zwei Arten erteilt: Investitionskredite um bestimmte Projekte (z.B. zur Entwicklung der Infrastruktur eines Landes) zu finanzieren und Finanzierungen von Reformprogrammen im Rahmen der direkten Budgethilfe[53]. Hierbei werden vorab mit der Partnerregierung Auszahlungsbedingungen im Sinne des entsprechenden Reformplanes vereinbart.

Um EL in Gruppen einteilen (zum Zwecke der Vergabe von Krediten) und so kategorisieren zu können, wird v.a. das jährliche PKE herangezogen. Dabei unterscheidet die WB drei Kategorien: *Low Income Countries* (LICs) mit einem durchschnittlich jährlichen PKE von weniger als 995 USD und *Middlle Income Countries* (MICs) mit einem jährlichen PKE zwischen 996 und 12.195 USD. Alle Länder mit einem PKE über 12.195 USD gelten als *High Income Countries*. Die Gruppe der MICs wird noch einmal unterteilt, da die Einkommensspanne sehr groß ist. Es gibt *Lower Middle*

---

51 Mehr dazu unter URL: http://go.worldbank.org/G7VSZBNMF0 [20.11.2011].

52 Aus der Verzinsung des angelegten Eigenkapitals ergibt sich ein Teil des Jahresüberschusses (im Geschäftsjahr 2010 betrug das Eigenkapital rund 37,1 Milliarden USD).

53 Budgethilfe bezeichnet die allgemeine finanzielle Hilfe für Reformprogramme, die auf bestimmte Sektoren oder auf die gesamte Wirtschaft abzielen.

Income Countries (LMICs) mit einem PKE zwischen 996 und 3.945 USD, sowie die *Upper Middle Income Countries* (UMICs) mit einem PKE von 3.946 bis 12.195 USD. Kredite erhalten EL mit mittleren PKE sowie kreditwürdige ärmere Länder. Die Darlehen der IBRD sind im Vergleich zu internationalen Finanzmärkten wesentlich attraktiver (geringere Zinsen und längere Laufzeiten). Hauptaufgabe der IBRD ist es, gemeinsam mit der IDA Armut in den ärmsten und ärmeren EL (in denen laut WB etwa 70% der armen Menschen leben) zu bekämpfen und verringern (vgl. World Bank o.J.).

3.3.2 *International Development Association* (IDA)

Die IDA, gegründet im September 1960, soll die LDCs, unterstützen. Diese werden mit sog. Konzessions- oder weichen Krediten versorgt, was bedeutet, dass betroffene Länder zinsfreie Kredite mit langen Laufzeiten (i.d.R. 35-40 Jahre) und bis zu 10 Jahren Tilgungsaufschub erhalten. Normalerweise wird eine Verwaltungsgebühr von 0,75% der Kreditsumme erhoben. Zudem erhalten die ärmsten Länder nicht rückzahlbare Zuschüsse, was aktuell etwa 20% der IDA-Mittel ausmacht. Zuschüsse werden meist in Fällen gezahlt, in denen für die EL Gefahr besteht, sich zu überschulden oder zahlungsunfähig zu werden. Die IDA erteilte in den letzten Jahren Kredite von durchschnittlich 14 Milliarden USD pro Jahr (2010: 14,5 Milliarden USD). Derzeit werden 79 Länder unterstützt, deren PKE entweder niedriger als 1.165 USD (Geschäftsjahr 2011) ist oder die aufgrund ihrer Schuldenlage nicht die marktnahen Kredite der IBRD in Anspruch nehmen können. Es gibt einige Länder (z.B. Indien), die sowohl IBRD als auch IDA-Mittel in Anspruch nehmen können. Bisher haben es 35 Länder geschafft, von IDA- zu IBRD-Kunden zu werden (beispielsweise Südkorea). Andererseits gibt es auch Fälle in denen EL wieder zu IDA-Schuldnern werden (wie Simbabwe). Gut die Hälfte der IDA-Kredite und -Zuschüsse gehen an afrikanische Länder.

Die IDA finanziert sich hauptsächlich durch Beiträge ihrer reicheren Mitgliedsländer. Zudem erhält sie einen nicht unbedeutenden Anteil der Jahresüberschüsse der IBRD und der IFC. Der Anteil, den die IDA durch Rückzahlungen von vergebenen Krediten erhält, ist hingegen gering. Alle drei Jahre wird der IDA-Fonds aufgefüllt. Zuletzt trafen sich die Geberländer 2008. Bei diesem Treffen brachten 45 Länder insgesamt 60% der Aufstockung des Fonds in Höhe von 41,6 Milliarden USD auf. Mit dem Geld sollen laufende und neue IDA-Projekte bis Sommer 2011 finanziert werden (vgl. World Bank o.J.).

3.3.3 *International Finance Corporation* (IFC)

Die IFC wurde 1956 als erste eigenständige Tochter der WB gegründet. Hauptaufgabe ist es, den Privatsektor in EL und Schwellenländern zu fördern. Ziel dieser Tätigkeit ist es, durch die Förderung von Projekten privater Unternehmen in EL den Aufbau einer stärkeren Privatwirtschaft zu erreichen. Eine Stärkung des privaten Sektors soll durch erfolgreiche Geschäfte zu mehr Jobs in EL führen. Zudem sollen Gewinne privater Unternehmen die Steuereinnahmen der EL erhöhen, die dadurch über mehr Ressourcen verfügen, um die Infrastruktur des Landes zu verbessern und Armut zu verringern. Entsteht so ein funktionierender privatwirtschaftlicher Sektor, werden neue Investoren angelockt. Letztendlich soll wirtschaftliches Wachstum zu besseren Lebensbedingungen für die Armen in EL führen. Dazu bietet die IFC langfristige Darlehen zur Finanzierung von Projekten zu Marktbedingungen, Eigenkapitalbeteiligungen an investierenden Firmen oder Garantien für Projekte an. Die konkreten Bedingungen der Förderung hängen hauptsächlich vom Risiko der Projekte ab. Dabei werden sowohl das sog. Länderrisiko (Risiko für Investitionen in einem EL) als auch ein mögliches kommerzielles Risiko, was die Wirtschaftlichkeit des Projekts betrifft, berücksichtigt. Zusätzlich bietet die IFC auch einen Beratungsservice für Investoren an, der für die Kunden i.d.R. gebührenpflichtig ist.

182 Länder sind Mitglied in der IFC. Im Finanzjahr 2010 wurden Zusagen in Höhe von 12,7 Milliarden USD gemacht. Dabei konnte ein Jahresüberschuss von 1,7 Milliarden USD erwirtschaftet werden. Auf der Frühjahrstagung 2010 wurde neben einer kräftigen Kapitalerhöhung (um 200 Millionen USD) auch eine Aufstockung der Basisstimmrechte beschlossen, was zu einer Stärkung der EL und Schwellenländer führen soll. Teile des Jahresüberschusses werden zur Finanzierung an die IDA weitergeleitet, so etwa im Finanzjahr 2010 200 Millionen USD, für das Finanzjahr 2011 sind 600 Millionen USD veranschlagt (vgl. World Bank o.J.).

3.3.4 *Multilateral Investment Guarantee Agency* (MIGA)

1985 wurde die Gründung einer weiteren Tochterorganisation beschlossen, die aber erst 1988 erfolgte. Derzeit umfasst die MIGA 175 Mitgliedsländer. Die Agentur soll ausländische Direktinvestitionen in EL und Schwellenländer fördern. Dies geschieht durch die Absicherung von Projekten gegen politische Risiken in einem EL seitens der MIGA gegenüber den investierenden Unternehmen. Mögliche Risiken sind hier beispielsweise Enteignung, Krieg, bzw. Bürgerkrieg oder Vertragsbrüche seitens der Regierungen in EL. Es werden aber auch Regierungen von EL beraten, damit diese investitionsfreundlichere Bedingungen für potentielle Interessenten schaffen.

Finanziert wird die Agentur durch Mitgliedsbeiträge und Einnahmen, die durch die Geschäftstätigkeit erwirtschaftet werden. Die Ziele stimmen mit denen der IFC überein. Der Unterschied zu den anderen WB-Organisationen besteht im Grunde darin, dass die MIGA ein reines Versicherungsunternehmen ist. Versichert werden analog zu den WB-Zielen v.a. solche Projekte, die explizit die Entwicklung des EL fördern, in dem die Investition vorgenommen werden soll. I.d.R. werden Garantien mit Laufzeiten zwischen drei und 15 Jahren, in manchen Fällen bis zu 20 Jahren vergeben. Meist wird die Garantielaufzeit an die Laufzeit des Projektes bzw. dessen Finanzierung gekoppelt. Im Finanzjahr 2010 wurden Garantien für Projekte in Höhe von 1,4 Milliarden USD vergeben. Dies entspricht laut WB auch etwa dem jährlichen Durchschnitt an Garantien. Brutto bestehen derzeit Garantien in Höhe von 7,3 Milliarden USD. Die Agentur beteiligt aber immer auch kommerzielle Versicherer und Rückversicherer an den Garantien, so dass aktuell netto ein Garantieportfolio von ca. vier Milliarden USD besteht.

Schadensfälle sind bei der MIGA tatsächlich sehr selten auch zu regulieren. Die multilaterale Vermittlung in Schadens- und Streitfällen ist hierfür ein Hauptgrund. So wurden z.B. aus Prämien- und Gebühreneinnahmen 2010 (Finanzjahr) netto 35,59 Millionen USD erwirtschaftet, aber in nur zwei Schadensregulierungen wurden nur 500.000 USD ausgezahlt (vgl. World Bank o.J.).

3.3.5 *International Center for Settlement of Investment Disputes* (ICSID)

Das Internationale Zentrum zur Beilegung für Investitionsstreitigkeiten wurde 1966 gegründet und ist die kleinste Organisation der WB-Gruppe. Ziel der Arbeit ist die Beilegung von Streitigkeiten zwischen ausländischen Investoren und den EL, in denen investiert wird, durch Vermittlung. Gegenwärtig gibt es 146 Mitgliedstaaten, wobei 2010 Kap Verde und Katar mit der Ratifizierung der ICSID-Konvention zu den jüngsten Mitgliedern wurden. Dabei tritt das Zentrum nicht selbst als Schiedsrichter oder Mediator auf, sondern stellt im Prinzip die institutionellen und prozessualen Rahmenbedingungen für eine Schlichtung bereit.

Finanziert wird das Zentrum durch Mitgliedsbeiträge und v.a. durch die IBRD. Kosten, die in Vermittlungsfällen anfallen, werden i.d.R. den Streitparteien in Rechnung gestellt. Die Teilnahme an einem Schlichtungsverfahren ist den beteiligten Parteien überlassen. Sollten sie aber der Vermittlung zustimmen, sind sie zur Anerkennung eines eingeleiteten Schiedsverfahrens im Rahmen der unterzeichneten Konvention verpflichtet. Neben der ICSID-Konvention gibt es außerordentlich viele bi- und multilaterale Verträge und Abkommen unter dem Dach des Zentrums, die eine Reglementierung in Streitfällen darstellen (vgl. ICSID 2010).

3.4 Kritik an der Arbeit der Weltbank

Das Bild der WB in den Köpfen vieler Menschen, setzt sich zu einem Großteil wie eine Collage aus Vorwürfen und Kritikpunkten an dieser Institution zusammen. Die schiere Größe der Institution, ihr Einfluss in vielen entwicklungspolitischen Bereichen, sowohl in der theoretischen Diskussion, als auch in der praktischen EZ, ist immens. Die Machtstruktur in der WB lässt eine Dominanz durch die USA und die reichen Länder deutlich werden. Allein diese Punkte bieten eine große Angriffsfläche für Kritiker. Manche kritisieren daher schon die Leitung und die Existenz der Bank. Auch die Gesamtpolitik der Bank, die Strategien, die Planung und Umsetzung der Projekte, das Management und die Organisationsstruktur werden kritisiert, sowie gänzlich oder in Teilen in Frage gestellt.

Dabei ist Kritik an der WB kein erst kürzlich auftretendes Phänomen. Es gab sie schon während der Diskussionen anlässlich der Gründung der Bretton Woods-Institutionen. Allerdings gibt es breite und aktivere Kritik erst seit Anfang der 1990er Jahre (vgl. Marshall 2009:136). Dabei ist eine stärker werdende Kritik von Anti-Globalisierungsbewegungen seit dieser Zeit zu beobachten. Aber auch aus wissenschaftlichen und politischen Bereichen, u.a. aus WB und IMF selbst, wird Kritik geäußert, die z.B. eine Deregulierungsdebatte auslöste.

Das Feld der Kritik, die an der WB geäußert wird, ist dabei genauso groß und komplex wie die WB selbst. Manche kritisieren, wie bereits erwähnt, die reine Existenz der WB, beispielsweise Gruppen wie das *„50 Years Is Enough-Network“*[54] oder *„Abolish the Bank“*.[55] Andere fordern tiefgreifende Reformen der WB und des IMF sowie der von ihnen dominierten globalen Finanzarchitektur. Diese Gruppierungen stehen teilweise auch mit WB und IMF im Austausch. Erwähnenswert ist v.a. das *Bretton Woods*

54 Vgl. auch URL: http://orgs.tigweb.org/50-years-is-enough-network [24.01.2011].

55 Die ursprüngliche Seite zu dieser Gruppe, www.abolishthebank.org ist inzwischen verschoben worden, ist aber noch ein Teil anarchistischer Bewegungen. Ein Archiv der betreffenden Seite und Gruppe findet man derzeit unter URL: http://www.anarchistresistance.org/abolishthebank/ [24.01.2011].

Project, eine NGO, die alle zwei Monate das *Bretton Woods Update* publiziert und darin Kritik äußert, Verbesserungs- und Reformvorschläge vorbringt, Bereiche mit Handlungsbedarf anspricht und Diskussionen in vielen Bereichen anstößt und aufgreift.[56] So wie im zuletzt genannten Beispiel äußern die meisten Kritiker ihre Ansichten in Bezug auf einzelne Bereiche, wie etwa zur Entschuldungspolitik, zum Umgang mit Minderheiten oder Umsiedlungsmaßnahmen.

Die Kritik findet in enormem Ausmaß statt und ist auch in ihrer Qualität und Form sehr vielfältig und komplex. Daher werden im Folgenden fünf Kernbereiche der Kritik aufgeführt, die einen Überblick über die Diskussion um die WB geben[57]:

Der erste Punkt, der führenden Kritiken gemein ist, betrifft Zweifel an der Rolle der WB allgemein und v.a. ihrer Machtstruktur. Beides spiegelt die amerikanische Dominanz und verbunden damit die globale Unausgeglichenheit wirtschaftlicher Kraft und politischer Macht wider. Kritisiert werden das undemokratische Machtgefüge in der Bank, die Größe der Institution und die Bandbreite an Aktivitäten. Dies führt mitunter zu der Bezeichnung der Bank als „Imperium", durch das reiche Länder ihren Status behaupten und ausbauen können. Arme Länder würden verführt, sich weiter zu verschulden. Sie würden geradezu in eine koloniale Abhängigkeit der reichen Länder geführt. Für solch arme Länder würden kaum Anreize bestehen sich weiter zu entwickeln, da sie nur mit dem Status quo eines armen Landes die günstigen Konditionen der WB und des IMF nutzen könnten (was in der modernen volkswirtschaftlichen Spieltheorie als *„moral hazard"* bezeichnet wird).

Zweiter Kritikpunkt ist die ökonomische Ideologie der Bank, die sich auf zu eng gefasste und zu theoretische ökonomische Modelle beziehe, die die Realitäten, insbesondere in EL, nur unzureichend berücksichtigten. Oft wird die Gesamtstrategie der WB als neoliberal bezeichnet.

Ein weiterer Bereich umfassender Kritik zielt auf die Strategien und Tätigkeiten im operativen Geschäft ab. Die WB unterstütze Projekte, die u.a. Umsiedlung von Bevölkerungsteilen oder Umweltschäden durch einzelne Projekte beinhalten oder diese Punkte zumindest nicht ausreichend beachten. Auch die Berücksichtigung der Auswirkungen von Projekten und Programmen sei unzureichend, z.B. durch die Implemen-

56 Mehr z.B. auf der Internetseite der NGO, unter URL: http://www.brettonwoodsproject.org/ [24.01.2011].

57 Die aufgeführte Zusammenfassung orientiert sich weitgehend an Marshall (2009:137; 139), ist so und ähnlich auch in anderen Werken, die diesen Themenkomplex betreffen zu finden.

tierung von Marktreformen oder der Durchsetzung bestimmter Politiken. So würden teilweise sogar Schäden besonders für die ärmsten Teile der Bevölkerung entstehen, gerade in Bereichen wie Gesundheit, Wasser- oder Energieversorgung.

Auch ethische Bedenken an der Arbeit der WB werden von vielen Kritikern geäußert. Der WB wird vorgeworfen, sie unternehme zu wenig gegen unethisches Verhalten in Ländern, in denen sie Projekte unterstützt. Zu den bemängelten Punkten gehören die fehlende Umsetzung von politischen Versprechungen, wie der Förderung der Gleichheit zwischen den Geschlechtern, der globalen Gerechtigkeit, dem Kampf gegen Korruption und der Nichtbeachtung mangelnder Rechtsstaatlichkeit. Dies betrifft ebenso die mangelnde Unterstützung der grundlegenden Menschenrechte in der Praxis.

Der letzte Punkt betrifft die Bank selbst. Sie sei ein Rätsel, schwer zu verstehen und daher oft missverstanden. Trotz entsprechender Reformen sei die Bank immer noch weitestgehend abgekapselt, die Mitarbeiter arrogant, das Konstrukt der WB zu verflochten, kompliziert und resistent gegen Kritik.

Diese Hauptkritikpunkte existieren so oder in ähnlicher Form auch gegenüber dem IMF oder den UN, sowie anderen internationalen Organisationen und Entwicklungsinstitutionen.[58] Auch China sieht sich mit ganz ähnlichen Vorwürfen bezüglich seiner EP und EZ konfrontiert.

---

[58] Es gibt umfangreiche Literatur, die die angeführten Kritikpunkte aufgreift, thematisiert, diskutiert oder auch zum alleinigen Inhalt hat. Hervorzuheben sind hier drei prominente Autoren. Erstens ist Joseph Stiglitz zu erwähnen, ein bekannter amerikanischer Wirtschaftswissenschaftler und Nobelpreisträger, der 1997-2000 Chefökonom der WB war. Mit seinen Bestsellern *Globalization and Its Discontents* (2002) und *Making Globalization Work* (2006) hat er immens zur Diskussion um die EH beigetragen. Zweiter herausragender Autor ist Willam Easterly, ebenfalls amerikanischer Ökonom. Wie Stiglitz ist er u.a. Professor für Wirtschaftswissenschaften und war wie dieser an renommierten Universitäten tätig. Weitere Parallelen zu Stiglitz sind seine Tätigkeit für die WB (1985-2001) und insbesondere zwei bekannte Publikationen: *The Elusive Quest For Growth* (MIT Press, 2001) und *The White Man's Burden* (2006). Als dritter Autor ist Jeffrey Sachs zu nennen, ebenfalls amerikanischer Wirtschaftswissenschaftler und lange Jahre Professor für Wirtschaftswissenschaften an der Universität Harvard, inzwischen an der Columbia University. 2002-2006 war er Direktor des UN-Millennium-Projekts und ist seit 2002 Sonderberater der MDG. Sein Buch *The End of Poverty* (2005) kritisiert die EH als unzureichend und steht insbesondere im Gegensatz zu der Kritik bzw. den alternativen Lösungsansätzen zu Problemthemen in der EP, die von Easterly vorgebracht werden.

Während in der Vergangenheit Kritik meist an der vorgeworfenen Selbstüberschätzung sowie der politischen Starrheit der WB und deren Mitarbeiter abprallte, wird sie inzwischen wesentlich ernster genommen. Mitunter führt sie auch zu Änderungen, Verbesserungen und Reformen, wenngleich immer noch häufig Widerstand gegen Kritik an der WB dominiert. In den letzten zwei Jahrzenten ist allmählich ein regelmäßiger Austausch zwischen Kritikern, oft Vertreten von NGOs und der WB entstanden. Es gibt inzwischen eigene Abteilungen der WB, die der Kritik Rechnung tragen sollen, etwa die *Independent Evaluation Group* oder die *Quality Assurance Group*, die externe und interne Kritik bündeln sowie diskutieren sollen und entsprechende Verbesserungs- und Reformvorschläge abliefern.

Bei der Größe, dem Einfluss und der Macht einer Institution wie der WB ist es notwendig, Kritik an Missständen zu üben, um diese möglichst zu beseitigen. Es ist ein wichtiges Instrument zur Überwachung der Aktivitäten, das im besten Falle dazu geeignet ist, durch Reformen die Institution besser, gerechter und effektiver zu machen. Die WB tut einiges, um dies stärker zu berücksichtigen, aber noch immer ist sie besser im Erklären als im Zuhören (vgl. Marshall 2009:148). Festzuhalten bleibt, dass einfache Lösungen und simple Ansätze zu den entsprechenden Kritiken und geforderten Reformen nicht existieren. Dies liegt mitunter an dem sehr komplexen Auftrag, den sich die WB selbst gegeben hat. Gerade durch den Fokus auf die Armutsbekämpfung und die Erreichung der MDG, muss sich die WB aber genau daran messen und messen lassen. Auch in Zukunft, und zwar unabhängig von der Erreichung der MDG, wird die WB einflussreich und eine der größten Entwicklungsinstitutionen bleiben, wenngleich oder auch gerade weil weitere große Herausforderungen im Entwicklungsbereich zu bewältigen sind. Abzuwarten bleibt auch, inwieweit die Entwicklung v.a. Chinas, sich auf die WB und die EP bzw. EZ weltweit auswirken wird.

4 Die Partnerschaft zwischen China und der Weltbank

4.1 Die Weltbankgruppe in China

4.1.1 Geschichtlicher Überblick

Schon im letzten Kapitel (3.1) wurde erwähnt, dass China an der Bretton Woods-Konferenz teilnahm und auch zu den ratifizierenden Gründungsmitgliedern gehörte. Dies bezieht sich allerdings auf die sog Nationalregierung der Republik China um Chiang Kai-shek. Auch die weiteren Ereignisse mit der Beteiligung Chinas beziehen sich darauf bis zur Übernahme der Vertretung in den UN durch die VR bzw., in Bezug auf die WB-Gruppe, bis zur Übernahme der Vertretung in der WB durch die VR 1980.

Bis dahin erhielt China Unterstützung durch die WB-Gruppe in Taiwan. Taiwan war 1960 eines von 15 Gründungsmitgliedern der IDA. 1961 erhielt Taiwan durch die IDA einen ersten Kredit für ein Hafenanlageprojekt. 1969 wurde Taiwan das 91. Mitgliedsland in der IFC.

Die im zweiten Kapitel (2.3) erwähnte Übernahme der Vertretung in den UN durch die VR 1971, beinhaltete die Vertretung Chinas durch die VR in den UN und in direkt mit diesen verbundenen Programmen und Organisationen. Davon ausgenommen war die Vertretung im IMF und in der WB-Gruppe. Vor allem die Aufnahme diplomatischer Beziehungen mit den USA in den 1970er Jahren legte den Grundstein dafür, dass die VR schließlich auch die Vertretung Chinas in den US-amerikanisch dominierten Bretton Woods-Institutionen übernehmen konnte (vgl. Young 1991:245).[59] Dies geschah formell am 15.05.1980 im Rahmen eines Besuches des WB-Präsidenten McNamara in Beijing und einem Treffen zwischen diesem und Chinas damaligem Vizepräsident Deng Xiaoping. Noch im selben Jahr wurde die erste ökonomische Mission der WB in China gestartet. Es wurde in Zusammenarbeit zwischen WB-Mitarbeitern und chinesischen Offiziellen und Experten eine umfangreiche Bestandsaufnahme der chinesischen VW erarbeitet. Das Resultat

[59] Diese begannen durch den Besuch Nixons bei Mao 1972. Ab 1979 wurde seitens der USA die Ein-China-Politik anerkannt und bedeutete formell den Abbruch diplomatischer Beziehungen zu Taiwan und die Aufnahme diplomatische Beziehungen zwischen den USA und der VR in vollem Umfang.

wurde als Report in drei Bänden mit dem Titel *„China: Socialist Economic Development“*[60] veröffentlicht.

Der erste Kredit der WB an China wurde 1981 vergeben. Im Juli 1985 eröffnete die WB eine Repräsentanz in Beijing. In dieser Vertretung wurde 1992 auch ein Büro der IFC eröffnet. Ebenfalls 1985 erfolgten durch die IFC erste Investitionen im Rahmen der WB-Gruppe in die Privatwirtschaft, zu Beginn v.a. im Westen Chinas. Als im April 1988 die MIGA in Kraft trat, war China nur wenige Wochen später das 35. Mitgliedsland. Dies war zugleich die erste Mitgliedschaft der VR in den Bretton Woods-Institutionen bzw. der WB-Gruppe, die China als VR abschloss und nicht von Taiwan übernommen wurde.

Anfang 1991 wurde durch IDA-Gouverneure die kombinierte Verteilung von Kreditmitteln an die zwei größten Kreditkunden (Indien und China) auf 30% der Gesamtkreditvergabe begrenzt. Nur ein halbes Jahr später löste die VR China Indien als größten Darlehensnehmer ab. Dass dies bald geschehen würde, vermutete man in der WB schon 1989 und wurde durch die Vorkommnisse am Tiananmen-Platz im Sommer des gleichen Jahres nur verzögert. Allerdings wurden als Reaktion auf diesen Zwischenfall mindestens sieben Projekte im Wert von 780 Millionen USD gestrichen, was einem Rückgang der Kredite der WB an China um ca. 20% entsprach (vgl. Young 1991:241; 279). 1993 trat China als 107. Land dem ICSID bei.

Im Juli 2000 wurde in Hong Kong ein gemeinsames Regionalbüro zur Unterstützung der Privatwirtschaft von WB und IFC eröffnet. 2002 errichtete die IFC ein Büro in Chengdu, um kleinen und mittleren Unternehmen im Westen Chinas mit beratenden Dienstleistungen zur Verfügung zu stehen. Gemeinsam wurden und werden häufiger internationale Konferenzen und Gipfel veranstaltet, wie im Mai 2004 die Shanghai Conference unter dem Motto *„Reducing Poverty, Sustaining Growth“*, oder das G-20 Treffen im Oktober 2005 in Beijing. Auch die Präsidenten der WB reisen häufiger nach China, beispielsweise Wolfowitz, ebenfalls im Oktober 2005 oder Zoellick im September 2010. Eine Absichtserklärung zwischen der WB und Chinas Eximbank wurde im Mai 2007 unterzeichnet. In diesem Dokument wird die Absicht für eine stärkere Kooperation zwischen China und der WB in der EP, speziell in Afrika, erklärt.

---

60 Zu finden unter: http://go.worldbank.org/ZRA89M1XE0 (Stand: 05.02.2011). Der Report wurde am 01.06.1981 herausgegeben. Für die Öffentlichkeit wurde er 1983 aufgelegt.

Seit Juni 2008 ist der Chefökonom der WB mit Lin Yifu ein Chinese und seit 2010 ist China zweitgrößte VW der Erde hinter den USA. Allerdings wurde nach einer Anpassung bei den Berechnungen der WB, die die unterschiedlichen Preisniveaus in verschiedenen Ländern berücksichtigte, China schon 2008 als zweitgrößte VW angesehen (vgl. World Bank 2008). Die entsprechenden Daten beziehen sich auf das aggregierte Volkseinkommen bzw. das BIP. China ist der größte Geschäftspartner der WB. Zudem gilt China seitens der WB als eines der Länder, mit der besten Umsetzung und der größten Erfolgsquote bei Projekten und Reformen (vgl. World Bank 2007:xiii).

Seit dem Jahr 2000 erhält China keine WB-Kredite mehr von der IDA (die ausschließlich zinsfreie Kredite oder Zuschüsse vergibt), sondern ausschließlich von der IBRD (vgl. dazu World Bank o.J.).

4.1.2 Ziele und Formen der Zusammenarbeit

Hauptziel der chinesischen Reform- und Öffnungspolitik war und ist v.a., die wirtschaftliche Entwicklung Chinas voran zu treiben. Als Mittel zum Zweck war die Öffnung gegenüber dem Ausland nötig, besonders gegenüber den IL. Die Zusammenarbeit mit der WB hatte zum Ziel, Reformvorhaben und Projekte zu finanzieren, da für die Modernisierung des Landes erst einmal Kapital benötigt wurde. Bis in die späten 1970er Jahre stand China den kapitalistisch internationalen Wirtschaftsorganisationen (WB, IMF, GATT) sehr kritisch gegenüber. Der Hauptkritikpunkt bzw. -vorwurf lautete, dass die IL ihre Macht in diesen Institutionen dazu nutzen würden, die EL auf Abstand oder sogar in Abhängigkeit von den IL zu halten (vgl. Young 1991:243f.).

Mit zunehmender Öffnung Chinas änderte sich diese Haltung allmählich. Man sah die Möglichkeit, Nutzen aus der Öffnung zu ziehen. Der Beitritt, die Zusammenarbeit mit und die Beteiligung an der WB sowie anderen internationalen Organisationen würde, so die zunehmende Sichtweise in Beijing, vorteilhaft für China sein. China war bewusst, dass sie neben finanziellen Mitteln v.a. Management-, Planungs- und Organisationskenntnisse benötigen würden. Um sich dieses Know-how anzueignen, das war auch der chinesischen Führung klar, musste man langfristige Partnerschaften mit denen eingehen, die über Kenntnisse und Expertise in diesen Bereichen verfügten. Auf internationaler bzw. multilateraler Ebene waren und sind das v.a. die WB und der IMF.

Dabei gab es laut Young (1991:251-262) v.a. drei Gründe, der WB beizutreten: Erster Grund war ein gesteigertes Prestige in der internationalen Öffentlichkeit. Young vergleicht den Ansehenseffekt einer Mitgliedschaft in der WB mit dem der Mitgliedschaft in den UN. Dieser sollte dazu beitragen, China als Teil der Weltgemeinschaft anzuerkennen und eine angemessene Rolle im internationalen Machtgefüge zuzulassen.

Der zweite Grund war Kapital. Gerade zu Beginn der Zusammenarbeit war die WB eine Kapitalquelle. Insbesondere konnte man als EL von den günstigen Bedingungen der IDA profitieren, die zinslose Darlehen bzw. Zuschüsse vergibt. Diese Kredite bzw. Zuschüsse machten im ersten Jahrzehnt der Zusammenarbeit ca. 40% der Gesamtkredite der WB-Gruppe an China aus. Der Rest wurde von der IBRD in Form von zinsvergünstigten Krediten vergeben. Mit Ausnahme der Jahre 1986 und 1989 stiegen die WB-Kredite an China in den 1980er Jahren um mindestens 22% jährlich. Prestige und Geldquelle dominierten die Entscheidung Chinas, mit der WB zu kooperieren.

Dritter Grund war, dass auf nationaler Ebene Wissen und Technologie benötigt wurden, um die Modernisierung voranzutreiben. Dies bezog sich auf Management, Planung, Makroökonomie und Marktwirtschaft. Zunehmend wurde auch deutlich, dass sich dieses Wissen nicht einfach kaufen oder mit Industrieanlagen importieren ließ. Man brauchte die Expertise, aber auch die Erfahrung aus dem Ausland.

Die WB konnte hier v.a. in drei Formen Hilfe offerieren (vgl. auch Young 1991:261-278). Zum einen wurde (und wird noch immer in angepasster Form) bei Projekten nach einem vorher abgestimmten Projektzyklus vorgegangen. Diese Vorgehensweise vermittelte den Chinesen wichtiges Wissen zur Planung, Durchführung und Abwicklung von Projekten.

Zweite Kooperationsart war die Ausbildung von Chinesen in den o.g. Punkten. Die WB verfügt hierfür über ein eigenes Institut, das *World Bank Institute* (WBI). Über diese Einrichtung werden Offizielle in der mittleren und oberen Managementebene des entsprechenden Partnerlandes aus- und weitergebildet. Dabei werden jegliche Ressourcen der WB, v.a. im Wissensbereich, genutzt und zur Verfügung gestellt. Schulungen erfolgen im Rahmen von Kursen oder Seminaren, sowohl in Washington, als auch in den Partnerländern. China ist auch hier ein Schwerpunkt der Arbeit des Instituts (vgl. de Nevers 2005:5).

Die dritte wichtige Form der Zusammenarbeit im Wissensbereich ist die gemeinsame Forschung. Die Kooperation bei der Erstellung von Studien war ein wichtiger Teil des benötigten und gewünschten Wissenstransfers. Chinesische Forscher und Experten erhielten so einen Einblick in die Arbeits- und Forschungsmethoden des Westens. Gerade dieser dritte Punkt der Kooperation wurde im Laufe der Jahre immer wichtiger für China.

Zwei Beispiele für diese Kooperationsformen sind die „Bashanlun Boots-Konferenz" von 1985 und die Globale Konferenz zur Ausweitung der Armutsreduzierung in Shanghai 2004. Erstere wurde von WB und der chinesischen Regierung gemeinsam organisiert. Den Rahmen bildete eine viertägige Bootsfahrt auf dem Jangtse, auf der hochrangige chinesische Offizielle und Regierungswirtschaftswissenschaftler sich mit sieben international bekannten Ökonomen zu den Themen moderne Marktwirtschaften und Erfahrungen diesbezüglich aus IL austauschen konnten. Die Konferenz in Shanghai wurde von der WB finanziert und von der chinesischen Regierung organisiert. Über 1000 Teilnehmer, darunter ein Großteil aus EL, berieten über neue Ansätze zur Armutsbekämpfung, insbesondere im Hinblick auf die Erreichung der MDG.

In der Zusammenarbeit mit China nutzt die WB drei Instrumente: Kredite für Investitionen, Subventionen für technische Unterstützung und o.g. nicht-finanzielle Hilfeleistung, also Anfertigung und Bereitstellung von Analysen, Studien, Berichten, politische und technische Beratung, Ausbildung und Workshops.

Die Ziele der Chinesischen Regierung finden bei der Zusammenarbeit besondere Bedeutung und Berücksichtigung. So wird in Anlehnung an die Fünfjahres-Programme (FJP) der chinesischen Regierung, immer eine Strategie (*Country Partnership Strategy*, CPS) seitens der WB (unter Beteiligung chinesischer Offizieller) für die Zusammenarbeit erstellt. China nimmt diesbezüglich insofern eine Sonderstellung ein, da es seine inzwischen enorme politische und wirtschaftliche Macht nun auch in der Zusammenarbeit mit der WB nutzt, um eigene Ziele durchzusetzen, was bei der Arbeit der WB mit anderen EL oftmals anders ist. Dies machte Deng aber schon bei den Gesprächen mit McNamara 1980 deutlich, in dem er sagte, dass China mit oder ohne die WB erfolgreich sein würde (vgl. World Bank 2007:xiii). Mit der Unterstützung der WB wäre die Modernisierung schneller zu erreichen. Auch wenn China große Summen von der WB in Anspruch genommen hat, machten diese nie mehr als 1% des chinesischen BIP aus. Hier wird die Strategie Chinas in der Partnerschaft mit der WB deutlicher: China hat WB-finanzierte Projekte genutzt, um Reformen im Kleinen zu testen. Funktionierten diese Pilotprojekte, wurden sie auf Regionen, Provinzen oder das ganze Land zugeschnitten bzw. angepasst und implementiert (vgl. World Bank 2007:xiii). Diese Vorgehensweise bezieht sich allerdings nicht nur auf die Zusammenarbeit mit der WB oder einzelne Projekte, sondern ist sehr typisch für die Reform- und Öffnungspolitik Chinas und zu großen Teilen für den Erfolg Chinas verantwortlich.

Nachdem die Marktreformen Ende der 1980er Jahre zu greifen begannen, stand in der Folge die Kooperation im Zeichen der weiteren Unterstützung der Marktreformen und der Absicht, private Unternehmen zu fördern. Dies wurde durch institutionelle Stärkung des Privatsektors und Wissenstransfer erreicht. In diesem Zusammenhang wird sehr häufig von *„capacity building"* gesprochen, also im Prinzip von Qualifizierungs- und Weiterbildungsmaßnahmen.

Die Zusammenarbeit wird in verschiedenen WB-Organisationen durchgeführt. Finanzierung von Projekten erfolgt inzwischen durch die IBRD, während die IFC Investitionen in der Privatwirtschaft unterstützt und fördert. Für die Absicherung von ausländischen Direktinvestitionen ist die MIGA in China tätig. Wissenstransfer und *capacity building* laufen hauptsächlich über das WBI. Zusätzlich übernimmt die WB Tätigkeiten als durch- oder ausführende Organisation von Projekten anderer Organisationen und Fonds. Exemplarisch zu nennen wären hier Projekte der (von der WB gegründeten, aber eigenständigen) GEF und Projekte des Multilateralen Fonds des *Montreal Protocol*.[61]

4.1.3 Bereiche der Kooperation und Projekte der Entwicklungszusammenarbeit

Seit Beginn der Zusammenarbeit 1980 bis Mitte 2009 (das Finanzjahr der WB endet jährlich zum 30. Juni) wurden seitens der WB insgesamt etwa 46 Milliarden USD für 309 Projekte der VR China zur Verfügung gestellt. Davon befanden sich zu diesem Zeitpunkt noch 69 Projekte in der Durchführungsphase. Rechnet man die seitdem begonnenen Projekte der WB und die Projekte, die die WB stellvertretend durchführt (z.B. für die GEF), befinden sich derzeit noch 105 Projekte in der Durchführung. Bis Ende Juli 2010 sind 17 weitere Projekte mit einem Gesamtkreditvolumen von 1,774 Milliarden USD gestartet worden. Projekte, die von der WB unterstützt werden, finden sich in ganz China und in vielen Sektoren der Wirtschaft. Mehr als die Hälfte der WB-Projekte finden im Infrastrukturbereich statt (Transport-, Energie- und Städtebausektor). Die restlichen Projekte verteilen sich auf ländliche Entwicklung, den sozialen Sektor (Gesundheit, Bildung, Sozialschutz) und direkte Programme zur Armutsbekämpfung. In der jüngeren Vergangenheit hat China die Schwerpunkte der EZ mit der WB in Bereiche verschoben, die die sozialen und umweltbedingten Externalitäten adressiert, die v.a. durch das rasante Wachstum verursacht wurden und werden (vgl. World Bank 2007:xiv).

---

[61] Mehr GEF-Aktivitäten in China URL: http://go.worldbank.org/CY9L4WRNA0 [Stand: 08.02.2011]. Näheres zu den MP Projekten unter URL: http://go.worldbank.org/TXZ8HKI7G0 [Stand: 08.02.2011].

Etwa drei Viertel der WB-Projekte beinhalten Ziele zum Schutz der Umwelt. Besonderen Fokus auf verbesserten Umweltschutz legen auch umweltbezogene Projekte, v.a. in den Bereichen Energie, Abwasser, Wasserversorgung und -entsorgung, Müllentsorgung und ländliche Entwicklung (vgl. World Bank 2009).

Projekte der WB werden in China in 12 Bereichen gefördert: (1) Reduzierung der Armut, (2) Entwicklung der ländlichen Gebiete, (3) Stadtentwicklung/Städteplanung, (4) Umweltschutz, (5) Transport, (6) Bildung/Ausbildung, (7) Gesundheit, (8) Soziale Absicherung, (9) Wasserversorgung, (10) Energie, (11) Finanzreformen, (12) Unternehmensreformen und Entwicklung des privaten Sektors. Die CPS wird in Abstimmung mit den chinesischen Zielen, v.a. aus den FJP, insbesondere auch auf die gerade erwähnten Bereiche abgestimmt. In diesem Rahmen werden zudem die Resultate beendeter Projekte und der Stand der Entwicklung in diesen Bereichen überprüft. So gibt es beispielsweise für die CPS für China von 2006-2010 einen *Country Partnership Strategy Progress Report* (World Bank 2009). Durchschnittlich wurden in den letzten Jahren etwa 10-13 Projekte jährlich durch die WB in China finanziert. 2010 waren es 14 Projekte mit einem Kreditumfang der IBRD von 1,414 Milliarden USD. Im Finanzjahr 2011 der WB sind bisher drei Projekte mit 360 Millionen USD finanziert worden: Ein Projekt zur Entwicklung integrierter Forstwirtschaftsmethoden, ein Projekt für Hochwassermanagement im Huai-Flussbecken sowie ein Folgeprojekt für urbanen Umweltschutz in Yunnan. Zudem gibt es aktuell knapp 20 Vorschläge für Projekte, die sich in der Prüfungsphase befinden (vgl. World Bank o.J.).

Im Folgenden werden einige der wichtigsten Projekte der WB in China seit Beginn der Zusammenarbeit kurz vorgestellt (vgl. World Bank 2010). Das erste Projekt der WB in China wurde 1981 gestartet. Das *University Development Project* umfasste einen Kredit in Höhe von 200 Millionen USD. Damit wurden 26 nationale Universitäten modernisiert, sowie das entsprechende Personal unterstützt und weitergebildet, um quantitativ und qualitativ höhere Abschlussquoten zu erreichen. Dazu gehörte neben der materiellen Modernisierung und der Ausbildung des Lehrpersonals (u.a. im Ausland), auch die Unterstützung ärmerer und talentierter Studenten in Form von Stipendien. Zudem war das Projekt wichtig für das chinesische Bildungsministerium, da es in der Folge bei weiteren Bildungsprojekten auf die Erfahrungen dieses Projekts zurückgreifen konnte.

1984 wurde ein großes Wasserkraft-Projekt, das *Lubuge Hydroelectric Project* unterstützt, welches auch das erste Projekt in China war, das die internationale Ausschreibungspraktik (*international competitive bidding,*

ICB) nutzte. Allein bei diesem Projekt sparte die chinesische Regierung über 15 Millionen USD, durch diese Art der Projektausschreibung (vgl. Young 1991:266).

Bestmögliche Ansätze im Management von Wasserressourcen wurden erstmals 1985 mit dem *Rural Water Supply Project* umgesetzt. Seitdem wurden über 19 wasserbezogene Projekte durch die WB gefördert.

Das *Beijing-Tianjin-Tanggu Expressway Project* von 1987 stellte das erste Autobahn-Projekt dar, das internationale Techniken bei der Autobahn-Planung, Finanzierung, beim Bau und einer unabhängigen Ingenieursüberwachung einsetzte. Insgesamt wurden mehr als 65 Projekte durch die WB finanziert, die Autobahnen, Häfen, inländische Wasserwege und städtische Transportinfrastruktur förderte.

Das *Loess Plateau Rehabilitation Project* (1994) war eines der erfolgreichsten Naturschutz-Projekte der Welt. Seit 1980 wurden 48 Projekte im landwirtschaftlichen Sektor durchgeführt, die geholfen haben die entsprechende Produktion und damit das Einkommen der betroffenen Bauern nachhaltig zu steigern.

Mitte der 1990er Jahre wurden mehrere Projekte durchgeführt, die darauf abzielten, die Bedingungen der armen Bevölkerung zu verbessern. 1995 sind diesbezüglich zwei Projekte erwähnenswert: Das *Southwest Poverty Reduction Project*, das die 35 ärmsten Bezirke und 600.000 Haushalte umfasste. Die Auswirkungen des Projektes halfen etwa 2,8 Millionen Menschen. Das Projekt nutzte ein neues System Armut zu erfassen, welches in der Zwischenzeit für ganz China in Anwendung gebracht wurde. In der Zusammenarbeit zwischen China und der WB wurden fünf Projekte durchgeführt, die direkte Armutsbekämpfung zum Inhalt hatten und direkt sowie indirekt 8 Millionen Menschen erreichten. Außerdem wurde im gleichen Jahr ein Projekt zur Förderung erneuerbarer Energien mit einem Umfang von etwa 135 Millionen USD durchgeführt. Das Projekt stellt Windkraft zur Stromversorgung von Schulen, Haushalten und kleinen Geschäften in den ärmsten Gegenden Nordwest-Chinas zur Verfügung. In weiteren, ähnlichen Projekten wurden seitdem zusätzliche Energiegewinnungsmethoden eingeführt, etwa die Nutzung von Biomasse oder Photovoltaik-Anlagen.

1998 wurde das *Forestry Development Project* in armen Gegenden implementiert. Es half, die Armut zu reduzieren und gleichzeitig die Waldgebiete in den betroffenen Landstrichen verstärkt zu schützen und sogar wieder aufzubauen.

Das *Chongqing Urban Environment Project* (2000) hat das Management-System bezüglich Abwasser und Müllentsorgung dieser riesigen Stadt verbessert und so auch die Gesundheit von über drei Millionen Menschen stärker geschützt, die bis dahin stark belastet wurden. 52 solcher Projekte wurden in ganz China seit der Kooperation mit der WB unternommen.

2002 erfolgte das größte Projekt der Welt zur Eindämmung bzw. Prävention von Tuberkulose. Insgesamt betraf es 668 Millionen Menschen, hat die TB-verschuldeten Todesfälle um 770.000 reduziert, schützte etwa 20 Millionen Menschen vor einer Ansteckung und verhinderte den Ausbruch der Krankheit bei etwa zwei Millionen Menschen. Seit 1980 wurden elf ausschließlich gesundheitsbezogene Projekte unter Führung der WB durchgeführt.

Das *Basic Education in Western Areas Project* von 2003 hatte die Verbesserung des Zugangs zu erschwinglicher und qualitativ guter Ausbildung von Jungen und Mädchen in einigen der ärmsten Provinzen und Gegenden Chinas zum Ziel. 21 Projekte zielten bisher auf die Ausbildung in ländlichen Gebieten, die Ausbildung von Wanderarbeitern und die Berufsausbildung ab.

2008 wurde ein vielbeachtetes Projekt zum Schutz kulturellen Erbes durchgeführt. Das *Gansu Cultural Heritage Protection Project* half, kulturelle und natürliche Schätze zu schützen, darunter einen Teil der Großen Mauer, typisch chinesische Wohnhöfe (*Siheyuan* 四合院), Geo- bzw. Naturparks, und den riesigen Komplex von Höhlen, Grotten, Tempeln, Wandmalereien und Statuen am Berg Maijishan in der Provinz Gansu.

4.2 Die Beziehungen zwischen China und der Weltbank

4.2.1 Chinas Rolle in der Weltbank

China hat durch die wirtschaftlichen Reformen der letzten 30 Jahre enormes Wirtschaftswachstum erzeugt. Der damit verbundene ökonomische Aufstieg in der Weltwirtschaft brachte zudem einen Machtzuwachs mit sich, welcher Verschiebungen in der Hierarchie der Weltgemeinschaft verursachte. Inzwischen spekulieren Experten bereits darüber, wann China die USA als größte VW ablösen wird. Die Wirtschaftszeitung *The Economist* hat Mitte Dezember 2010 mit unterschiedlichen Annahmen den Zeitpunkt zwischen 2019 und 2022 angegeben. Dies wurde auch grafisch durch die Abbildung 4.1 dargestellt.

Abbildung 4.1: BIP-Wachstum von China und den USA im Vergleich

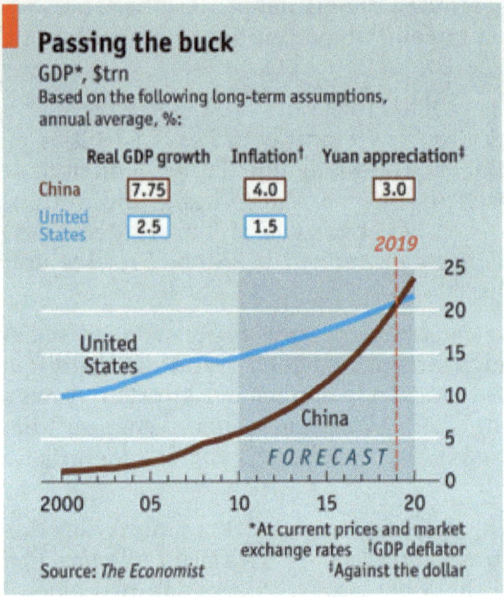

Quelle: The Economist (2010)

Kaufkraftbereinigt könnte China schon 2012 größte VW werden. Diese Einschätzung äußerte das *Conference Board* (2010), eine *non-profit* Unternehmensorganisation.

Mit dem wirtschaftlichen und weltpolitischen Machtzuwachs verändert sich zunehmend auch Chinas Rolle in der Weltgemeinschaft sowie in internationalen Organisationen. Schon seit 2000 erhielt China keine Kredite von der IDA mehr. Seit 2007 ist China Beitragszahler der IDA, mit einer ersten Unterstützung von 30 Millionen USD (vgl. Xie 2010). Nicht zuletzt diese Kombination von Fakten führten zu einer Erhöhung der Stimmrechte der EL, allen voran Chinas, in IMF und WB. Seit April 2010 ist die VR China der drittgrößte Anteilseigner hinter den USA und Japan. Grundlage dafür war eine Erhöhung der Stimmrechte der EL um 3,13% in der IBRD und 6,1% in der IFC (vgl. World Bank 2010).

Exemplarisch sollen drei Indikatoren für die veränderte Rolle in der WB aufgezeigt werden: (1) Noch in den Anfängen der Finanzkrise wurde Chinas Forderung nach mehr Mitbestimmung in der WB mit einem politischen Schachzug abgewehrt: 2008 wurde ein Chinese Chefökonom der WB. Justin Lin, bzw. Lin Yifu (so sein chinesischer Name, auch: Justin

Yifu Lin)[62] war bereits seit 1993 als Berater der WB tätig. In seiner Funktion ist er maßgeblich für den „intellektuellen Führungsstil" (vgl. World Bank o.J.) der WB verantwortlich. Er ist der erste Chefökonom der WB, der aus einem EL kommt. Lin gründete 1994 das *China Center for Economic Research* (CCER) an der Peking Universität (*Beida*) und war bis 2008 dessen Direktor. Inzwischen ist das CCER Teil der *National School of Development* (NSD) an der *Beida*. Sowohl in China als auch international gilt Lin als herausragender Wirtschaftswissenschaftler sowie als Experte für EP. Seine Veröffentlichungen sind im Bereich der EP vielbeachtet, darunter seine Bücher *The China Miracle: Development Strategy and Economic Reform* (2003), das in sieben Sprachen übersetzt wurde sowie *Economic Development and Transition: Thought, Strategy, and Viability* (Cambridge University Press, 2009). Lin betreut Diskussionsforen in Form von unterschiedlichen Blogs zum Thema Entwicklung, sowohl auf Chinesisch (im Rahmen des CCER), als auch auf Englisch (im Rahmen der WB).[63] Die WB selbst sieht in der Berufung Lins auf den Posten des WB-Chefökonomen Möglichkeiten besser und enger mit China in entwicklungspolitischen Bereichen zusammenzuarbeiten (vgl. Fähnders 2008).

(2) Als die Finanzkrise sich global verbreitete und anschließend die Weltwirtschaftskrise verursachte, wurde auch China hart getroffen. Allerdings traf es China nicht so stark, wie viele andere Nationen. Mitverantwortlich dafür waren auch die großen Devisenreserven Chinas. So konnte die Regierung eines der größten Wirtschaftsförderungsprogramme der Welt auf den Weg bringen. Die Verschuldung, die einige Länder an den Rand der Zahlungsunfähigkeit brachte, nutzte China, um im Ausland günstig zu investieren und sich so unabhängiger von den USA als Haupthandelspartner zu machen. Gleichzeitig bedeutete dies,

---

62 Lin Yifu wurde 1952 in Taiwan geboren. Nach einem Studium mit MBA Abschluss 1978 in Taiwan, floh er 1979 aufs Festland. Dabei schwamm er von der von Taiwan beanspruchten Insel Kinmen zur etwa 2-3 Kilometer gegenüberliegenden, zum Festland gehörenden Halbinsel von Xiamen. Er selbst hat in einem Interview nicht von einem „Überlaufen", sondern von einer „Rückkehr in die Heimat" gesprochen (Vgl. Interview unter http://www.tvo.org/TVO/WebObjects/TVO.woa?videoid?738221225001, Stand: 09.02.2011). Um seine in Taiwan verbliebene Familie zu schützen, nahm er in der VR seinen heutigen Namen an. In China machte er an der Peking Universität (Beida) 1982 einen Master Abschluss in Marxistischer politischer Ökonomie. 1986 promovierte er an der University of Chicago in Wirtschaftswissenschaften.

63 Vgl. dazu URL: http://jlin.ccer.edu.cn/article/ [09.02.2011] und URL: https://blogs.worldbank.org/developmenttalk/team/justin-yifu-lin [09.02.2011].

dass China in vielen Fällen als „Retter" einsprang (z.B. Griechenland, Irland, Spanien, Portugal). Dies geschah i.d.R. überwiegend aus Eigeninteresse, wie gerade dargestellt, um das eigene Investitionsportfolio zu erweitern, aber auch weil eigene Investitionen in Gefahr waren, wie etwa im Fall des amerikanischen Versicherungs- und Finanzunternehmen AIG (*American International Group*).

Zudem sicherte sich China durch eine Vielzahl an Investitionen den Zugang zu Rohstoffen, wie etwa in Afrika oder Russland. Der weiterhin unterbewertete Yuan führte dazu, dass China seine Exporte ausweiten konnte. Darauf basiert immer noch der Großteil des chinesischen Wachstums. Gleichzeitig steigen weiterhin der Handelsbilanz- und somit der Leistungsbilanzüberschuss und folglich auch die Devisenreserven. Gerade in der Finanz- und Wirtschaftskrise, in deren Verlauf sich auch die USA immens verschuldet haben, wurde ein verschobenes wirtschaftliches Verhältnis zwischen den USA und China deutlich. International wird diesbezüglich über die Form dieses Verhältnisses diskutiert (Kampf oder Partnerschaft). Offensichtlich ist ganz objektiv eine gegenseitige Abhängigkeit: China ist der größte Gläubiger der USA, aber auch der größte Absatzmarkt für chinesische Produkte. Im März 2011 hielt China US-Anleihen im Wert von 1,16 Billionen USD (vgl. ssu/Reuters 2011).

(3) Im Rahmen der Wirtschaftskrise wurde Chinas Engagement in der EZ deutlicher. Besonders in Afrika und Lateinamerika hat China in den vergangenen zwei Jahren an Bedeutung bei der Finanzierung von entwicklungspolitischen Projekten gewonnen.

Anfang Januar meldete die *Financial Times*, dass China die WB bei der Vergabe von Krediten an EL überholt habe (vgl. Dyer/Anderlini/Seender 2011). Diesen Berechnungen der *Financial Times* zufolge, hat China 2009-2010 über die *China Development Bank* (CDB) und die chinesische Eximbank mindestens 110 Milliarden USD an Krediten für EL bereitgestellt. In der Zeit von Mitte 2008 bis Mitte 2010 (die Finanzjahre 2009 und 2010 der WB) habe die WB 100,3 Milliarden USD verliehen.

Die Zahlen müssen jedoch auch in diesem Fall mit Vorsicht betrachtet werden. Einerseits sind die Zahlen über Chinas vergebene Kredite keine offiziellen Zahlen aus China, sondern Schätzungen oder Äußerungen aus den Empfängerländern. Zum anderen wurden bei den Zahlen der WB nur Kredite der IBRD und der IFC zusammengefasst. Zinslose Darlehen und Zuschüsse der IDA wurden nicht berücksichtigt. Brautigam (2009:179) bezeichnet den Vergleich zwischen Krediten der WB und v.a. der Eximbank als Vergleich zwischen Äpfeln und Litschis. Bei den Zahlen der WB ist genau bekannt, wie viel und was gefördert wurde. Dies gilt für die chinesischen Zahlen nicht immer, wenn auch in den letzten Jahren von Chinas Regierung wiederholt versprochen wurde, transparenter in seinen EZ-Aktivitäten zu werden. Die Eximbank vergibt zwei Arten von Krediten, die günstiger sind als zu Marktkonditionen. Aber nur eine lässt sich nach ODA-Standards als EH bezeichnen (vgl. auch Brautigam 2009:162-188). Die CDB vergibt Kredite zu Marktkonditionen, fällt also gar nicht unter ODA-Kriterien, auch wenn sie mitunter entwicklungspolitisch relevante Projekte fördert. Zudem unterscheidet sich in vielen Fällen sehr stark, was China als EH bezeichnet. Auch der Begriff EL wird teilweise anders ausgelegt. China beispielsweise zählt bei seinen Daten zu Hilfe für Afrika alle afrikanischen Staaten. WB Zahlen beziehen sich hinsichtlich Afrikas nur auf Subsahara-Afrika und nicht auf Nordafrika.

Unabhängig von der Einschätzung zu diesen Zahlen bleibt festzuhalten, dass China zu einem wichtigen Akteur der internationalen EP und EZ geworden ist. Die Medienberichte zeichnen häufig ein Bild der Konkurrenz um die Vergabe von Darlehen und damit um Einfluss und Macht. Zwar gibt es Punkte, in denen zwischen WB und Chinas Regierung unterschiedliche Ansichten bestehen. Beispielsweise wird von der WB bemängelt, dass China keinerlei Bedingungen für die Gewährung von Krediten stelle. Die WB betont jedoch auch, dass sie Chinas steigendes Engagement in EL grundsätzlich begrüße und versuche, mit China in dieser Hinsicht enger zusammenzuarbeiten, um mehr Abstimmung und Effizienz bei Projekten v.a. in Afrika zu erlangen (vgl. dazu Dyer/Anderlini/Sender 2011; World Bank 2010).

4.2.2 Entwicklungspolitische Herausforderungen für China

China hat enorme Fortschritte in vielen Bereichen gemacht. Das Tempo und die Kontinuität des Wirtschaftswachstums in der VR sind unvergleichbar. Betrug das jährliche PKE zu Zeiten der Gründung der VR noch etwa 50 USD, zu Beginn der Partnerschaft zwischen China und der WB etwa 280 USD (vgl. Brautigam 2009:54), so war es 2009 mit 3.650 USD um ein vielfaches höher. Dieser Betrag ist immer noch gering, verglichen mit dem PKE in reicheren IL. China ist jedoch in einigen Gesichtspunkten immer noch als EL einzuordnen. Teilweise sind Probleme noch nicht vollständig beseitigt, teilweise sind andere Probleme erst durch den Aufstieg Chinas entstanden. Beispiele sind drohende Überhitzungen der Wirtschaft, das befürchtete Platzen einer Immobilienblase oder hohe Inflationsraten, die zu Preissteigerungen, insbesondere bei Lebensmitteln führen. Weitere Hilfen und Projekte in den Bereichen, die schon unter Punkt 4.1.3 angesprochen wurden, sind nach wie vor nötig.

Armutsbekämpfung ist ein wichtiger Punkt in der Zusammenarbeit zwischen WB und China. Es wurden beispiellose Erfolge in diesem Bereich erzielt. Trotzdem ist die Armut in China nicht endgültig beseitigt, was die Zahlen im zweiten Kapitel (2.2) verdeutlichen. Verklärt wird der Blick dafür häufig durch verschieden angesetzte Armutsgrenzen, die in Abbildung 4.2 dargestellt werden:

Abbildung 4.2: Unterschiedliche Definitionen für Armutsgrenzen in China

		Value in 2003 (yuan per-capita per year)	
POVERTY LINES	**Calculated by:**	**Rural line**	**Urban line**
Official poverty line	National Bureau of Statistics	637	
Low-income line	National Bureau of Statistics	882	
Ravallion-Chen basic needs line	Ravallion and Chen (2007)	864	1211
World Bank poverty line	World Bank	888	1124
Dollar-a-day line ($1.08/person /day at 1993 PPP dollars)	World Bank	888	1124

Quelle: World Bank (2009:5).

Der Erfolg Chinas in der Armutsbekämpfung soll hier keinesfalls geschmälert werden. Selbst wenn man die unterschiedlichen WB-Standards von 1993 mit denen von 2005 vergleicht, wie in Abbildung 4.3, ist der bisher erzielte Erfolg sehr deutlich:

Abbildung 4.3: Armutsreduzierung in China nach unterschiedlichen Definitionen

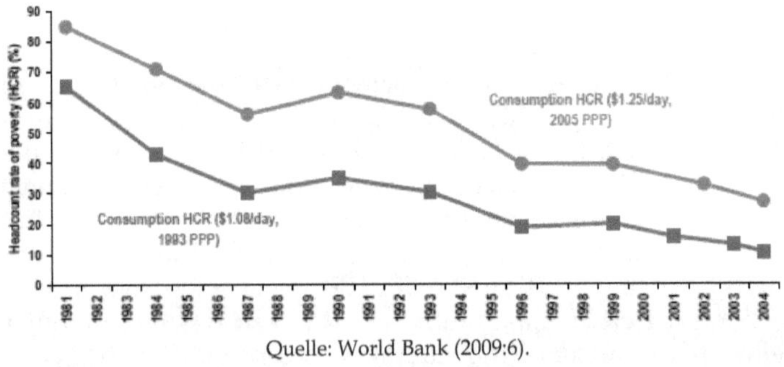

Quelle: World Bank (2009:6).

Allerdings verdeutlicht diese Betrachtungsweise, dass noch immer Armut in China existiert, diese gemessen an internationalen Standards noch recht hoch ist und hier weiterhin Handlungsbedarf besteht. Dabei ist es bei der verbliebenen Armut teilweise schwieriger, diese zu bekämpfen. Gerade in ländlichen Gebieten ist die Anfälligkeit für Armut sehr groß, da sie einerseits durch die offizielle Wohnsitzkontrolle noch immer weitgehend an ihren Wohnort gebunden sind (*Hukou*-System, *Hukou* 户口oder *Huji* 户籍) und andererseits, weil ihnen Geld und Bildung fehlen sich in Städten Arbeit zu beschaffen. Zudem sind die armen Menschen in ländlichen Gebieten schwerer zu erreichen, da sie weit verstreut leben. Die Anzahl derer, die Gefahr laufen unter die Armutsgrenze zu sinken, ist etwa doppelt so hoch wie die Zahl der bereits in Armut lebenden Menschen. Etwa 60% der Bevölkerung Chinas lebt auf dem Land. Das bedeutet, dass etwa 600 Millionen Menschen abhängig von der Landwirtschaft sind, um ihren Lebensunterhalt zu verdienen. Da die landwirtschaftlich nutzbare Fläche aber gerade in dem Verhältnis zu den davon abhängigen Menschen viel zu gering ist, können die meisten Menschen auf dem Land ihren Lebensunterhalt nicht decken (vgl. World Bank 2008; World Bank 2009:iii-xxxiii). Dies führt zu einer weiteren Problematik, den Wanderarbeitern.

Sie verdingen sich in Großstädten zu sehr schlechten Bedingungen als Tagelöhner ohne soziale Absicherung. Sie tun das inoffiziell (allerdings trotz *Hukou*-System überwiegend von der Regierung geduldet), um ihren Familien auf dem Land das Überleben zu sichern oder ihre Kinder zur Schule schicken zu können. Währenddessen verbreitert sich die Kluft zwischen städtischen und ländlichen Einkommen immer stärker, was die o.g. Probleme weiter verschärft. Immer mehr Menschen drängen in die Städte, da auch auf dem Land viele zusätzliche Probleme das Leben erschweren. So ist der Zugang zu sauberem Trinkwasser nicht immer gewährleistet. Das ist aber auch zunehmend ein Problem vieler Städte, das durch sinkende Grundwasserspiegel verursacht wird. Abwasser- und Müllentsorgung belasten in extremen Ausmaßen die Umwelt und dies bekommt zumeist ebenfalls die Landbevölkerung zu spüren. Ein Großteil der schmutzigsten Städte weltweit ist in China zu finden. Wasser- und Luftqualität sind oftmals erschreckend schlecht und in vielen Fällen gesundheitsschädigend.

Die „eiserne Reisschüssel" (*Tiefanwan* 铁饭碗), ein lebenslang gesicherter Arbeitsplatz mit entsprechendem Einkommen und Rente, ist Vergangenheit. Im ländlichen Bereich hätte dieser Abbau durch den Aufbau eines sozialen Sicherungsnetzes begleitet werden müssen.

Eine gesetzliche Krankenversicherung gibt es nicht. Wer es sich nicht leisten kann sich zu versichern, krank wird und behandelt oder gar operiert werden muss, ist gezwungen sich enorm zu verschulden oder hat einfach Pech gehabt.

Auch Bildung hat in China einen hohen Preis. Viele Eltern können es sich nicht leisten ihre Kinder auf weiterführende Schulen oder Universitäten zu schicken. Dennoch versucht, wer es kann, dies irgendwie zu ermöglichen. Man schränkt sich dafür selbst extrem ein oder verschuldet sich.

Der Aufstieg Chinas benötigt sehr große Mengen an Energie. Inzwischen ist China der größte Emittent von Kohlendioxid (vgl. BMZ o.J.). Dies gilt nicht bei der Emission pro Einwohner, aber in der Gesamtbilanz. Die Umwelt wird in extremen Ausmaßen geschädigt. Dies hat v.a. erst einmal lokale Folgen. Doch auch global wird dies zunehmend Probleme bereiten.

China argumentiert diesbezüglich damit, dass der Westen bzw. die IL ebenfalls ihre Entwicklungsphasen mit negativen Begleiterscheinungen durchschritten hätten, was die IL den EL nun nicht absprechen dürften. Dies ist insofern richtig, als dass die IL in ihren Entwicklungsphasen keine Rücksicht auf negative Nebenprodukte genommen haben. Genau in dieser Hinsicht stehen die IL in der Verantwortung. Nicht, indem den EL im Namen der wirtschaftlichen Entwicklung zugestanden wird die Umwelt zu vernachlässigen, sondern indem Nachhaltigkeit, Umweltschutz und erneuerbare Energien in den EL, v.a. auch finanziell, gefördert werden. Die WB trägt einen Teil dazu bei. Allerdings fehlt schon in den IL häufig der Wille bzw. die politische Lobby, im eigenen Land diese Bereiche noch stärker zu fördern.

Die WB sieht für China v.a. folgende Herausforderungen (vgl. auch World Bank 2006:7-11): Die Aufrechterhaltung eines schnellen Wirtschaftswachstums. Voraussetzung hierfür ist ein Wandel in der Wachstumsstrategie. Diese bevorzugte bisher Industrie und Investitionen gegenüber Dienstleistungen und der Schaffung von Arbeitsplätzen. Im Oktober 2005 demonstrierte das ZK der KPCh die Absicht zu einem solchen Strategiewechsel, indem es den geplanten Wechsel zu einer weniger ressourcenintensiven Strategie verkündete, die verstärkt der Gesamtheit der Bevölkerung zu Gute kommen soll.

Die Nachhaltigkeit des Wachstums muss stärker beachtet werden. 2006 beispielsweise verbrauchte China bei der Produktion seines BIPs 50-100% mehr an Energie (pro Einheit des BIP) als ein IL.

Der Gini-Index für China verdeutlicht die steigende ungerechte Verteilung des Vermögens. Er beschreibt die Verteilung von Einkommen in der Bevölkerung. Die WB gibt für das Jahr 2005 den Gini-Index mit 42 (bzw. 0,42) an, das *CIA World Factbook* für 2007 mit 41,5 (bzw. 0,415), wobei ein Wert über 40 (bzw. 0,4) als „Anzeichen für die Gefahr sozialer Unruhen“[64] gilt. Um diesen Trend umzukehren bzw. ihm zu begegnen, muss der o.g. Strategiewechsel vollzogen werden, um mehr Arbeit zu schaffen.

Weiterer Handlungsbedarf besteht in den Bereichen Governance und Korruption. Auch wenn im Bereich der Korruption schon Fortschritte erzielt wurden, bedarf es weiterer institutioneller Reformen, v.a. im Bereich der Unabhängigkeit der Justiz, um diese weiter voran zu treiben.

Im Hinblick auf die Gleichheit der Geschlechter (*gender*) herrschen in China recht gute Verhältnisse. Es existieren allerdings immer noch Disparitäten zwischen Stadt und Land. Diese beziehen sich z.B. auf steigende Ungleichheit bei der Säuglingssterblichkeit oder dem Verhältnis von männlichen zu weiblichen Lebendgeburten. Disparitäten bestehen darüber hinaus im Analphabetismus unter der Landbevölkerung, da besonders Mädchen weniger Zugang zum Besuch einer Grundschule haben. Auch der Zugang zu weiterführenden Schulen und Universitäten sowie Löhne und Entlassungspraktiken von Arbeitgebern sind hier oftmals problematisch.

Der demographische Wandel in China ist geprägt von der „Ein-Kind-Politik“ (*Jihua shengyu zhengce* 计划生育政策). Bis 2030 wird der Anteil der Bevölkerung im Rentenalter 32% erreichen. Zusammen mit einer geringen Geburtenrate von 1,8 wird dies vermutlich zu weiteren sozialen Problemen führen. Auch gesundheitliche Konsequenzen sind zu erwarten. Einerseits steigt die Lebenserwartung, andererseits wird auch das Auftreten von Krankheiten wie Krebs, Herzerkrankungen und anderen Krankheiten, die häufiger mit steigendem Alter auftreten, ansteigen.

Chinas Erfolg beruht auf stetigem wirtschaftlichem Wachstum. Es bildet sich eine immer größer werdende, wohlhabende Mittelschicht. Das führt zu Unmut in ärmeren Bevölkerungsteilen, da die Einkommen immer weiter auseinander gehen. Als logische Konsequenz birgt dies ein mögliches Gefahrenpotenzial für die politische Stabilität des Landes.

Hinsichtlich Gesundheit, Bildung, sozialer Sicherheit, Umwelt, Wasserversorgung, Energie und Transport wurde bereits viel getan. Aber es

---

64 Geinitz (2011). Geinitz nennt einen Gini-Index für China von 0,47, wobei die Quelle von diesem Wert nicht genannt wird. Zu den Angaben des Gini-Indexes im obigen Abschnitt vgl.: http://data.worldbank.org/country/china [Stand: 11.03.2011], https://www.cia.gov/library/publications/the-world-factbook/geos/ch.html [Stand: 11.03.2011].

muss weiterhin, vielleicht sogar mehr als bisher in diese Bereiche investiert werden.

4.2.3 Wie sieht die Zukunft der Entwicklungspolitik für und von China aus?

Das größte innenpolitische Ziel der chinesischen Regierung ist es, bis 2020 für eine „*Xiaokang*"-Gesellschaft zu sorgen (vgl. World Bank 2006:1). Eine harmonische Gesellschaft, die einen moderaten Wohlstand erreicht hat, der relativ gleichmäßig über die Bevölkerung verteilt ist. Die letzten beiden Fünf-Jahres-Programme (FJP) zielten bereits darauf ab, die Probleme, die im vorigen Punkt erläutert wurden, anzugehen. Im 11. FJP für 2006-2010 wurde die Bedeutung der Schaffung einer harmonischen Gesellschaft herausgestellt. Das 12. FJP fokussiert diese Bereiche noch stärker. Vorschläge für das 12. FJP (2011-2015) wurden im Herbst 2010 in der fünften Plenartagung des 17. ZK der KPCh diskutiert. Besonders im Fokus steht die Bekämpfung der steigenden Ungleichheit in der Bevölkerung. Eine gerechtere Verteilung des Wohlstands, bessere soziale Infrastruktur und Sicherheitsnetze sowie eine stärkere Konzentration auf die Schaffung von Binnenmärkten und mehr inländischem Konsum, sollen dabei auf dem Weg zur *Xiaokang*-Gesellschaft helfen. Die Erreichung dieses Ziels wird nicht einfach sein. China benötigt dabei Hilfe, die in vielen Bereichen die WB leisten kann und wird.

Die Bedeutung der Zusammenarbeit wurde auch im September 2010 deutlich, als das 30-jährige Bestehen der Partnerschaft zwischen China und der WB gefeiert wurde. WB Präsident R. Zoellick betonte dabei, dass die Partnerschaft auch in Zukunft wichtige Beiträge zur weiteren Modernisierung leisten werde und helfen könne, zukünftige Herausforderungen zu meistern (vgl. World Bank 2010).

Doch die Kooperation hat nicht nur China Vorteile gebracht. Auch die WB hat viele wichtige Erfahrungen sammeln können, die beim Umgang mit anderen EL mehr Erfolg, z.B. in der Armutsbekämpfung, bringen können. Im Hinblick darauf ist die Tatsache von großer Bedeutung, dass Lin, als Chefökonom der WB, Chinese ist. Er bringt Ideen und Innovationen der chinesischen EP in die WB und umgekehrt.

Dabei geht es nicht darum festzustellen, welche Art der EZ besser ist. Wird dies berücksichtigt, besteht die Chance, gute Ideen von beiden Seiten zum Vorteil für die gesamte EP und EZ zu nutzen. Sowohl die WB als auch China betonen, dass es nicht möglich ist, theoretische Entwicklungsmodelle starr auf alle EL anzuwenden. Sie müssen an die lokalen, regionalen und nationalen Zustände und Bedürfnisse angepasst werden.

Insofern kann China zu Recht als Vorbild für erfolgreiche EP und EZ herausgestellt werden.

Mit dem zunehmendem Einfluss in internationalen Angelegenheiten und Organisationen wird von China verlangt, mehr Verantwortung zu übernehmen. Beispiele sind hier die Forderungen sich in der Gestaltung eines wirksamen globalen Klimaschutzes stärker einzubringen und Erfahrungen eines stabilen, langfristigen Wachstums als Strategie der Armutsbekämpfung zu teilen und weiterzugeben (vgl. *Renmin wang* 2010).

Von chinesischer Seite wird die Reform in WB und IMF begrüßt, die dazu führte, den EL mehr Stimmrechte zu verleihen. Der Chinesische Finanzminister Xie Xuren stellte in einem Interview diesbezüglich drei Aspekte heraus: Chinas größere Stimmrechte würden zu einer besseren Zusammenarbeit zwischen WB und China führen, was beinhalte, die EL gegenüber den reicheren Ländern im Machtgefüge der WB besser zu repräsentieren und diesbezüglich bessere und gerechtere Strategien der WB zur Armutsbekämpfung durchzusetzen.

Zudem solle für weitere Reformen in WB und IMF geworben werden, um den EL weitere Stimmrechte zu verschaffen. Ziel sei es, eine ausgeglichene Verteilung der Stimmrechte zwischen EL und IL zu erreichen.

Und schließlich hätten diese Reformen Signalcharakter für andere internationale Organisationen, Gipfel und Abkommen, wodurch künftig EL ebenfalls zu mehr Durchsetzungskraft verholfen werden solle (vgl. auch Liu/Yang 2010:A11). Einig sind sich beide Seiten darüber, dass die Zusammenarbeit zwischen WB und China bisher wichtige Beiträge zum Nord-Süd Dialog und zu einer verstärkten Süd-Süd-Kooperation geleistet hat. Genau diese Bereiche sollen in Zukunft noch stärker gefördert werden (vgl. Xie 2010).

Auch die WB sieht weiterhin das Bedürfnis für eine Zusammenarbeit. Einerseits soll diese Chinas Entwicklung weiter fördern und begleiten, andererseits soll sie China bei Herausforderungen weiterhin unterstützen. Die WB will China in fünf Kernbereichen unterstützen: China soll stärker in die Weltwirtschaft integriert werden. Dies soll durch stärkere Partizipation in multilateralen Organisationen, den Abbau von internen und externen Hindernissen für Handel und Investitionen sowie mehr Beteiligung am internationalen Entwicklungsaufwand erreicht werden.

Armut, Ungleichheit und soziale Ausgrenzung sollen weiter reduziert werden. Hierzu soll eine gleichmäßigere Urbanisierung und ausreichender ländlicher Lebensunterhalt gefördert werden. Zudem soll v.a. in ländlichen Gebieten der Zugang zu grundlegenden sozialen Leistungen und infrastrukturellen Einrichtungen erweitert werden.

Der bessere Umgang mit knappen Ressourcen und umweltbedingten Herausforderungen soll stärker unterstützt werden.

Die Finanzintermediation[65] soll vertieft werden. Um dies zu erreichen, wird der Zugang zu Finanzdienstleistungen vereinfacht, Kapitalmärkte sollen ausgebaut und eine Stabilität der Finanzmärkte gesichert werden.

Es sollen öffentliche Einrichtungen und Institutionen der Märkte, wenn möglich durch Privatisierung, effizienter gemacht werden (vgl. World Bank 2006:vf.). Diese Bereiche berücksichtigen zu großen Teile die entwicklungspolitischen Probleme und Herausforderungen Chinas (siehe 4.2.2).

65 Unter Finanzintermediation ist im Prinzip die Vermittlung zwischen Kapitalnachfrage und -angebot zu verstehen. Finanzintermediäre (FI) agieren hier als Vermittler um einen Interessensausgleich zu schaffen. Dabei können FI etwa Geschäftsbanken, aber auch institutionelle Regelwerke, wie z.B. eine Börse sein. Die Tätigkeiten der FI bestehen neben der Geldschöpfung im Angebot von Transformationsleistungen, wie Fristen- oder Risikotransformation.

Schlussbetrachtung

Die Globalisierung hat positive und negative Aspekte. Welche Auswirkungen ein Aspekt hat, hängt oftmals von der Betrachtungsweise ab. Es gibt Gewinner und Verlierer. Die Profite der einen sind häufig die Verluste der anderen. Es gibt auch Länder und Menschen, die gleichzeitig Gewinner und Verlierer sind. Auffallend ist, dass v.a. arme Länder, EL, fast immer auf der Verliererseite stehen. Entwicklungshilfe oder Entwicklungszusammenarbeit, wie sie seit gut 60 Jahren geleistet wird, hängt in ihrer Wirksamkeit bzw. ihrem Erfolg von Entwicklungspolitik ab. Diese Politik hat sich in den letzten sechs Jahrzenten stetig verändert.

Ein dominantes Ziel war immer, die Welt gerechter zu machen und insbesondere den armen und ärmsten Ländern und v.a. Menschen, zu helfen. Dass die Meinungen darüber, ob dies gut oder schlecht gelungen ist, was wie besser gemacht werden könnte oder, ob überhaupt bzw. wie sinnvoll und nachhaltig geholfen werden kann oder soll, sehr verschieden sind, begründet sich mit sehr unterschiedlichen Ansichten und Theorien zum Begriff Entwicklung und verwandten Themen. Darüber hinaus überschneidet sich der Bereich der Entwicklungspolitik und der Entwicklungszusammenarbeit mit einer Vielzahl von anderen Themengebieten, gerade im politischen Bereich.

Ein schlichtes Fazit über Gelingen bzw. Misslingen von Entwicklungspolitik/Entwicklungszusammenarbeit ist nicht möglich. Zu komplex ist das Themenfeld, zu verworren die politischen Gegebenheiten, die für Erfolg oder Misserfolg verantwortlich sein können. Entwicklungshilfe in Form von einzelnen Projekten war und ist häufig von positiver Wirkung. Politik, v.a. in Form von Wirtschafts- und Sicherheitspolitik, hat solche Erfolge vielfach wieder zunichte gemacht. Es gibt große Erfolgsgeschichten, wie die Chinas, in denen allerdings fast immer auch Verlierer auszumachen sind (z.B. Menschen die zwangsweise umgesiedelt werden). Aufgrund der großen Gesamterfolge werden diese Menschen oft vergessen. Festzuhalten bleibt, dass sehr viel Geld in internationale Entwicklungshilfe geflossen ist. Für die Menge an geleisteter Hilfe sind die erreichten Erfolge allerdings insgesamt zu gering. Betrachtet man andererseits, was in den IL, z.B. an einem Handelstag an Börsen, weltweit an Geld fließt, sind die Summen der Entwicklungshilfe minimal. Noch immer erreicht kaum ein Land das im Rahmen der UN vereinbarte Ziel, 0,7% des nationalen BIP für Entwicklungszusammenarbeit zur Verfügung zu stellen. Stattdessen machten die letzten Jahre deutlich, dass enormer Handlungsbedarf besteht.

Die Finanzkrise, ausgelöst von einigen wenigen, die mit undurchsichtigen Derivaten extrem viel Geld verdient haben, verursachte eine weltweite Wirtschaftskrise. Diese Krise hatte fast überall auf der Welt mehr oder weniger starke Effekte und betraf die Ärmsten am härtesten. Auch IL gerieten derart ins Wanken, dass noch immer Auswirkungen und Folgen zu spüren sind. Der verantwortliche Kasino-Kapitalismus, den Keynes schon 1936 kritisierte, hat sich unterdessen überraschend schnell erholt. Ernsthafte Konsequenzen im internationalen Finanzgefüge hat es so gut wie nicht gegeben. Der Drang, mit allem Möglichen Gewinne zu erwirtschaften, hat Währungen ins Wanken gebracht und Länder an den Rand der Zahlungsunfähigkeit gebracht. Seit Jahren wird bei Finanzgeschäften mit Rohstoffen und sogar Nahrungsmitteln sehr viel Geld verdient. Auch durch diese Geschäfte werden Menschen in den Hunger, in die Armut getrieben. Alleine seit Oktober 2010 sind durch steigende Lebensmittelpreise geschätzte 44 Millionen Menschen in Armut geraten (vgl. World Bank 2011). Auch der nachweislich durch den Menschen schneller voranschreitende Klimawandel birgt Risiken, die früher oder später alle, auch die reichen Länder, zu Verlierern machen könnten. Und trotzdem geschieht verhältnismäßig wenig, um dies zu bekämpfen.

Es gibt aber auch sichtbare Erfolge in der Entwicklungszusammenarbeit. Diese alleine geben der Entwicklungszusammenarbeit eine Daseinsberechtigung. Es existiert ein Bewusstsein für weiteren Handlungsbedarf und es besteht Bereitschaft zu Reformen in internationalen Organisationen. Diese müssen unterstützt, stärker gefördert und voran getrieben werden, um internationale Entwicklungszusammenarbeit effektiver, effizienter und gerechter zu gestalten. Verantwortlich dafür, dass dies letztendlich auch umgesetzt wird, ist die Entwicklungspolitik.

China gilt als leuchtendes Beispiel für eine gelungene Entwicklungspolitik. War China über Jahrtausende führend was Wirtschaft, Kultur und Zivilisation anbelangt, kehrte sich dieser Status ab Mitte des 19. Jahrhunderts um. Als 1949 die Volksrepublik gegründet wurde, war China eines der ärmsten Länder der Welt. Aufgrund weitgehender Isolation von der restlichen Welt, blieb dieser Zustand trotz großer Bemühungen zu den IL aufzuschließen, bestehen. Erst mit der Öffnungs- und Reformpolitik ab 1979 entwickelte sich China weiter. Dies allerdings in einem rasanten Tempo. Bei aller Kritik, die beispielsweise fehlende Demokratie und Missachtung der Menschenrechte anprangert, muss man erkennen und anerkennen, dass China enorm aufgeholt hat. So sind durch den Aufstieg ca. 300 bis 500 Millionen Menschen aus der absoluten Armut befreit worden. Für diese enorme Entwicklung ist China hauptsächlich alleine verantwortlich, da das Land, relativ gesehen, verhältnismäßig wenig Entwicklungshilfe von außen erhalten hat. Für das hohe Tempo der Entwicklung kann internationale Entwicklungszusammenarbeit mitverantwortlich gemacht werden.

Das entwicklungspolitische Engagement der VR China existierte im Prinzip seit der Staatsgründung. Allerdings war die Hilfe aufgrund des eigenen Entwicklungsstatus von geringer Bedeutung und ging überwiegend an Nachbarstaaten und politisch verbündete Länder. Seit einiger Zeit allerdings ist China selbst stärker entwicklungspolitisch aktiv. Credo ist seit den 1960er Jahren die Hilfeleistung unter strikter Wahrung des Prinzips der Nichteinmischung in innere Angelegenheiten des Partnerlandes und des beidseitigen Nutzens der Zusammenarbeit. Diese Aktivitäten lösen umfangreiche Kritik aus, v.a. die Unterwanderung westlicher Versuche sog. Unrechtsregime zu isolieren oder sich den Zugang zu Rohstoffen zu sichern. Mit relativ wenigen Ausnahmen kann man diese Kritik zu großen Teilen zurückweisen oder relativieren, da der Westen, trotz Regeln und Entwicklungsvisionen, sich selbst häufig nicht an diese hält. So ist die beispielsweise durch den Afrika-Beauftragten der Bundesregierung Günter Nooke geäußerte Kritik, China wäre mit ihrer Entwicklungspolitik auch mitverantwortlich für die Hungerskatastrophe in Afrika, differenziert zu betrachten (vgl. Szent-Ivanyi 2011). Sicherlich ist die Intention von Hilfsprojekten teilweise fragwürdig, bzw. stehen meist auch Eigeninteressen als Hauptmotive dahinter. Doch das gilt bei Weitem nicht nur für China, sondern in besonderem Ausmaße auch für die westlichen Geberländer. Dies zeigt die EU-Agrarpolitik insbesondere gegenüber Afrika, oder beispielsweise das Engagement Deutschlands in Afrika. Während angesichts der Hungerskatastrophe in Ostafrika im Sommer 2011 zwar die Hungerhilfe auf 32 Millionen Euro aufgestockt wurde (vgl. Spiegel Online 28.07.2011) wurde just in dieser Zeit ein Rüstungsgeschäft in Höhe von ca. 60 Millionen Euro mit Angola unterzeichnet (vgl. Spiegel Online 14.07.2011).

Auch China benötigt weitere Reformen in seiner Entwicklungspolitik. Sie muss v.a. übersichtlicher und transparenter gestaltet werden. Dies sind Bedingungen, um chinesische Hilfe ebenfalls effektiver und effizienter zu machen. Darüber hinaus muss die Abstimmung mit anderen Akteuren der Entwicklungszusammenarbeit und Entwicklungspolitik enger werden, was nicht nur im Falle Chinas, sondern für diesen Politik- und Arbeitsbereich insgesamt gilt.

Die Weltbank ist einer der größten und wichtigsten Akteure in der internationalen Entwicklungszusammenarbeit. Seit der Gründung 1944, ist die Weltbank enorm gewachsen. Sie besteht aus derzeit 187 Mitgliedsländern und verfügt über enorme finanzielle Möglichkeiten Entwicklungszusammenarbeit zu unterstützen. Inzwischen umfasst die Weltbankgruppe fünf Organisationen, deren oberstes Ziel die Bekämpfung der Armut und die Erreichung der Millenniumsziele ist. Dazu werden ärmste und arme Länder mit Zuschüssen zu Projekten oder mit günstigeren Krediten für Projekte unterstützt. Zudem wird die Privatwirtschaft in EL gefördert und Investitionen von IL in EL unterstützt. Einen überaus wichtigen Faktor stellt die Beratung, Ausbildung und Bereitstellung von Wissen dar.

Die Weltbank zieht aber auch breit gefächerte Kritik auf sich. Mit über 11.000 Mitarbeitern weltweit und einem weiten Repertoire an Leistungen, ist eine effiziente Organisation schwierig. Auch die Machtstrukturen der Bank sind Bestandteil massiver Kritik. Denn obwohl die Maxime lautet, in ihrer Arbeit solle die Weltbank den ärmsten Menschen helfen, haben die EL wenig Mitbestimmungsrechte. Hinzu kommt, dass in vielen Fällen geleistete Hilfe bei den Machteliten der EL, trotz Auflagen durch die Weltbank, versickert und die in Armut lebenden Menschen keine oder wenig Hilfe erreicht. Die reichsten Länder haben den größten Einfluss auf die Politik und die Arbeitsweise der Bank. Diese Kritik ist in vielen Fällen berechtigt. Es besteht fortwährender Reform- und Selbstprüfungsbedarf. Tatsächlich existieren zahlreiche Fälle, in denen die Hilfe der Bank nicht gefruchtet oder sich sogar nachteilig ausgewirkt hat. Aber die Arbeit der Bank hat auch viele Erfolge vorzuweisen. Inzwischen ist eine stärkere Bereitschaft zu erkennen, Kritik von außen anzunehmen und Missstände zu beseitigen. Konstruktive und objektive Kritik ist bei einer internationalen Organisation von dieser Größe, ausgestattet mit enormer Macht und dem existierenden Machtgefüge, nötig und unverzichtbar. Allerdings kann und darf die Institution als solche und ihre Arbeit an sich nicht in Frage gestellt werden. Ihre Arbeit und Stellung im Gefüge der internationalen Entwicklungspolitik und Entwicklungszusammenarbeit ist nicht zu ersetzen, muss aber durch andere Akteure ergänzt und in ihrer Machtausübung begrenzt werden.

Die Partnerschaft zwischen Weltbank und China hat im Herbst 2010 30 - jähriges Bestehen gefeiert. In China ist diese Zeitspanne in Feierlichkeiten von beiden Seiten als Erfolg gewertet worden. Zu Beginn der Zusammenarbeit war die Weltbank v.a. finanzielle Quelle und Lieferant Technischer Zusammenarbeit, um wirtschaftliche Reformen einzuführen und effizientes Projektmanagement zu erlernen (vgl. World Bank 2007:xiv). Dies änderte sich jedoch schnell, da der chinesischen Seite bewusst war, dass sie weitaus mehr profitieren würde, wenn China Wissen und Erfahrungen der Weltbank vermittelt bekäme. Insbesondere der Wissenstransfer war ein zentraler Punkt der Kooperation. In der Folge wurde das vermittelte Wissen v.a. dazu genutzt Projekte, die im kleinen Rahmen erfolgreich waren, den chinesischen Bedingungen anzupassen und in ganzen Regionen, Provinzen oder landesweit zu implementieren. Dies ist ein zentraler Eckpunkt des Erfolgs, den China v.a. wirtschaftlich vorzuweisen hat. Die Schwerpunkte der chinesischen Entwicklung lagen bisher überwiegend in den Bereichen Industrie und Investition. Eine Konsequenz dieser Politik war die enorme Exporttätigkeit, die den eigentlichen Kern des chinesischen Wirtschaftswunders bildet.

Die Abhängigkeit von den Exporten und die schnelle Entwicklung haben zwei Punkte deutlich gemacht, die China in Zukunft ändern muss, um auf einem guten „Entwicklungspfad“ zu bleiben: Einerseits müssen die Schwerpunkte der Entwicklung verschoben werden. Der Dienstleistungssektor und die Schaffung von mehr Arbeitsplätzen müssen stärker gefördert werden. Wachstum, dass ausgeglichener ist in Bezug auf Industrie- und Dienstleistungssektor sowie in Bezug auf das Verhältnis zwischen Kapitalakkumulation einerseits und städtischer Beschäftigung und Produktivitätswachstum andererseits, wird zu größerem Beschäftigungswachstum führen. Zudem würden so Energie und Rohstoffe wirtschaftlicher und nachhaltiger eingesetzt werden können, was wiederum die Natur und die Umwelt stärker schonen würde (vgl. World Bank 2006: 7-11).

Trotz riesiger Erfolge in der Armutsbeseitigung lebten 2005 noch 15,9% der Bevölkerung von weniger als 1,25 USD pro Tag, 36,3% der Bevölkerung hatten weniger als zwei USD pro Tag zur Verfügung. Die Armut ist zum größten Teil in ländlichen Gebieten verbreitet. Die Lücke zwischen Einkommen in der Stadt und auf dem Land ist sehr groß. Das Einkommen ist insgesamt sehr ungerecht verteilt. Es gibt keine allgemeine Krankenversicherung oder soziale Absicherung. Die Umwelt ist in vielen Teilen des Landes extrem belastet, was für das Leben der Armen auf dem Land gravierende Folgen hat. Das elfte. und 12. FJP berücksichtigen diese Aspekte zunehmend.

Während 2010 und 2011 viele Länder, darunter auch IL immer noch mit den Folgen der Finanz- und Wirtschaftskrise zu kämpfen haben, ist China 2010 zur größten Exportnation und zur zweitgrößten Volkswirtschaft avanciert. Auch wenn diese Daten über wenig Aussagekraft verfügen, wenn man sie nicht absolut, sondern relativ (pro Kopf) betrachtet, haben diese Tatsachen Auswirkungen. China ist zu einer wirtschaftlichen, damit auch politischen Großmacht geworden, die über kurz oder lang die USA zumindest wirtschaftlich überholen wird. Politisch wird dadurch die Vormachtstellung der USA zumindest eingeschränkt werden. Dies machte der Staatsbesuch des chinesischen Präsident Hu Jintao im Januar 2011 bei Barack Obama deutlich. International sucht China derzeit dennoch etwas nach seinem rechten Platz. China tritt einerseits wesentlich selbstbewusster auf, teilweise brüskierend, andererseits vermittelnd und einsichtig. Bemerkenswert war bei dem o.g. Besuch Hus die Äußerung, dass in China im Bereich der Menschenrechte noch Verbesserungsbedarf bestünde. Wie stark aber auch der internationale politische Einfluss der Volksrepublik inzwischen ist zeigt z.B. die Schuldenkrise der USA, die derzeit (Juli 2011) drohen zahlungsunfähig zu werden. Offene Kritik verbunden mit hartem wirtschaftlichem Druck seitens der Chinesen lässt beginnende politische Kräfteverschiebungen erkennen.

So wie Chinas Einfluss international gestiegen ist, hat sich Chinas Rolle in der Weltbank verändert. Seit 2008 ist ein Chinese, Lin Yifu, Chefökonom, nach dem Präsidenten der Weltbank einer der wichtigsten Posten dieser Institution. Zudem wurden im Frühjahr 2010 die Stimmrechte der EL erhöht, was China zum drittgrößten Anteilseigner der Weltbank werden ließ. Analog, in Bezug auf die Stimmrechte, entwickelte sich die Rolle Chinas im IMF. Im Juli 2011 wurde nun auch ein Chinese, Min Zhu, in die Führungsriege des IMF als einer der Vize-Präsidenten berufen. Seit 2009 soll China zudem mehr Kredite an EL vergeben haben als die Weltbank. Ob dies den Tatsachen entspricht, scheint bei näherer Betrachtung, v.a. auf Grund mangelnder Transparenz in der chinesischen Entwicklungspolitik, fraglich. Unabhängig davon ist ein sehr großes Engagement Chinas im entwicklungspolitischen Bereich, insbesondere in Afrika nachweisbar.

Es wird viel über die Rolle Chinas als Entwicklungshelfer diskutiert. Dies betrifft ebenfalls besonders Afrika, aber auch Asien und Lateinamerika. Auch hier gibt es positive und negative Aspekte. Neben der fraglichen Unterstützung von unterdrückenden Regimen (was teilweise auch dem Westen vorzuwerfen ist), sind Praktiken bei der Behandlung der lokalen Bevölkerung zu nennen, z.B. bezüglich Entlohnung oder Sicherheit am Arbeitsplatz (auch dies betrifft den Westen). Neokolonialismus ist ein weiterer Vorwurf der China (wie auch der Weltbank) in diesem Zusammenhang häufiger gemacht wird. Positiv zu bewerten ist in vielen Fällen ein Engagement Chinas in Ländern und Bereichen, die für manche internationale Organisationen und Geberländer schlicht uninteressant sind. Auch Chinas humanitäre Hilfe und die Beteiligung an UN-Sicherheitseinsätzen in EL sind positiv zu bewerten. Die Weltbank betont, dass sie Chinas steigenden Einsatz in der internationalen Entwicklungszusammenarbeit als sehr wichtigen Beitrag für diese empfindet.

Dabei können viele Seiten profitieren. China kann v.a. Erfahrungen aus der Armutsbekämpfung teilen, die Weltbank Wissen über Länder mit denen China zusammenarbeitet bereitstellen und Projekte sowie Zusammenarbeit koordinieren. Ein Austausch von Erfahrungen aller beteiligten Akteure bietet große Chancen, die Entwicklungszusammenarbeit und -politik nachhaltiger, effizienter und erfolgreicher zu gestalten und einen Schritt hin zu einer gerechteren Welt zu machen.

Literaturverzeichnis

Asche, Helmut/Margot Schüller (2008): *Chinas Engagement in Afrika – Chancen und Risiken für Entwicklung.* www.giga-hamburg.de/dl/download.php?d=/content/ias/pdf/studie_chinas_engagement_in_afrika.pdf [15.03.2011].

Bartke, Wolfgang (1989): *The economic aid of the PR China to developing and socialist countries.* 2. Auflage. Hamburg: Institute of Asian Affairs.

Bartsch, Bernhard (2010): „China benimmt sich oft wie die Kolonialmächte vor 300 Jahren". *Frankfurter Rundschau*. 10.11.2010. S. 8f.

Bhattasali, Deepak/Shantung Li/Will Martin (Hgg.) (2004): *China and the WTO. Accession, policy reform, and poverty reduction strategies.* Washington D.C.: World Bank and Oxford University Press.

BMZ (Hg.) (1988): Journalistenhandbuch. Dritte Welt. Bonn: BMZ.

(2008): Medienhandbuch Entwicklungspolitik 2008/2009. Bonn, Berlin: BMZ.

(2010): Deutsche Entwicklungspolitik auf einen Blick. Bonn/Berlin: BMZ.

(o.J.): „Was wir machen. China." http://www.bmz.de/de/was_wir_machen/laender_regionen/asien/china/index.html?follow=adword [09.01.2011].

Bohnet, Michael (2008): Chinas langer Marsch zur Umweltrevolution. Umweltprobleme und Umweltpolitik der chinesischen Volksrepublik. Bonn: Zentrum für Entwicklungsforschung (ZEF).

Brautigam, Deborah (2009): *The dragon's gift.* Oxford: Oxford University Press.

Brautigam, Deborah (2010): „China, Africa and the international aid architecture". *African Development Bank Group. Working paper series.* Nr. 107. Tunis: African Development Bank.

Cai, Lingming 蔡玲明 (1994): 对援助非洲的若干思考 *Dui yuanzhu feizhou de ruogan sikao* [Betrachtungen zur Entwicklungshilfe für Afrika] in: 国际经济合作 *(Guoji jingji hezuo)*. Nr. 10. S. 56-58.

CDB (2005): *„CAD-Fund".* www.cdb.com.cn/english/Column.asp?ColumnId=176 [02.12.2010].

China Daily (18. 10 2010): *Ohne Reduzierung der Kluft zwischen Arm und Reich kein „Xiaokang".* http://german.china.org.cn/fokus/2010-10/18/content_21147112.htm [09.03.2011].

Culpeper, Roy (1997): The Multilateral Development Banks. Volume 5. Titans or Behemoths? Boulder: Lynne Rienner Publishers.

Day, Alan. J. (Hg.) (1985): China and the Soviet Union 1949-1984. Essex: Longman Group.

de Haan, Arjan (2010). The Financial Crisis and China's "Harmonious Society" in: *Journal of Current Chinese Affairs*. 2/2010. S. 69-99.

de Nevers, Michele. E. (17.03.2005): „World Bank Institute. Strategies and programs in China." http://siteresources.worldbank.org/CHINAEXTN/Resources/318949-1121421890573/wbi-strategy.pdf [10.03.2011].

Dillon, Michael (2009): *Contemporary China – An introduction.* Abingdon, u.a.: Routledge.

Discroll, David D. (Aug. 1996): *The IMF and the World Bank. How do they differ?* http://www.imf.org/external/pubs/ft/exrp/differ/differ.htm [11.03.2011].

Durth, Rainer/Heiko Körner/Katharina Michaelowa (2002): *Neue Entwicklungsökonomik: mit 21 Tabellen.* Stuttgart: Lucius und Lucius.

Dyer, Goeff/Jamil Anderlini/Henny Sender (17. 01 2011): „China's lending hits new heights." http://www.ft.com/cms/s/0/488c60f4-2281-11e0-b6a2-00144feab49a.html#zz1Hb4MWtYW [21.01.2011].

Easterly, William. R. (2006): The white man's burden. Why the West's efforts to aid the rest have done so much ill and so little good. New York: Oxford University Press.

epo entwicklungspolitik online (20.04.2011): „World Development Indicators 2010 veröffentlicht". http://www.epo.de/index.php?option=com_content&view=article&id=6024:world-development-indicators-2010-veroeffentlicht&catid=45&Itemid=90 [11.03.2011].

Fähnders, Till (06.02.2008): „Erstmals ein Chinese Chefökonom der Weltbank". www.tagesspiegel.de/wirtschaft/erstmals-ein-chinese-chefoekonom-der-weltbank/ v_default,1158848.html [05.02.2011].

***Financial Times Online* (12.07.2011)**: „China hortet fremde Währungen". http://www.ftd.de/finanzen/maerkte/anleihen-devisen/:devisenreserven-china-hortet-fremde-waehrungen/60077695.html [26.07.2011].

Friederichs, Hauke (06.07.2009): „Robert McNamara. Vom Falken zur Taube". http://pdf.zeit.de/online/2009/28/mcnamara-falke-taube.pdf [10.03.2011].

Fu, Xiaohan 伏霄汉 (2008): "对外经济技术援助的八项原则"决策的层次分析 *Duiwai jingji jishu yuanzhu de ba xiang yuanze juece de cengci fenxi* [Analyse der Entscheidungsfindung bei den Acht Prinzipien der Entwicklungshilfe] in: 历史教学 (*Lishi jiaoxue*). 2/2008. S. 95-98.

Geinitz, Christian (05. 03 2011): „China Kein Reich der Mitte". http://www.faz.net/s/Rub050436A85B3A4C64819D7E1B05B60928/Doc~E83DBD981E250441691B8BC0BDA4AA6A4~ATpl~Ecommon~Scontent.html [11.03.2011].

Gerhard, Hans Wolfram (1978): „Internationaler Währungsfonds". In: Willi Albers (Hg.) Handwörterbuch der Wirtschaftswissenschaften: HdWW. Handelsrechtliche Vertretung bis Kreditwesen in der Bundesrepublik Deutschland. Band 4. Stuttgart: Gustav Fischer. S. 233-240.

Glagow, Manfred (Hg.) (1990): Deutsche und internationale Entwicklungspolitik. Zur Rolle staatlicher, supranationaler und nicht-regierungsabhängiger Organisationen im Entwicklungsprozess der Dritten Welt. Opladen: Westdeutscher Verlag.

Guoji rongzi 国际融资 (2009): 世界银行行长佐利克强调中国是稳定经济的力量 *Shijie Yinhang xing zhang Zuolike qiangdiao Zhongguo shi wending jingji de liliang* [Weltbank-Präsident Zoellick betont Chinas Rolle als Kraft für wirtschaftliche Stabilität]. 国际融资. 2/2009. S. 69.

Han, Jie 韩洁 et al. (14. 09 2010): 平等合作 互利共赢—中国与世行合作30周年述评 *Pingdeng hezuo huli gongying – Zhongguo yu Shihang hezuo 30 zhou nian shuping* [Gleichberechtigte Zusammenarbeit, gegenseitiger Nutzen und win-win-Situationen – Kommentar zum 30. Jahrestag der Zusammenarbeit von China und der Weltbank]. 新华网 (*Xinhua wang*): http://news.xinhuanet.com/fortune/2010-09/14/c_13494552.htm [03.10.2010].

Hänggi, Heiner (1991): „ASEAN and the ZOPFAN concept". *Pacific strategic papers No. 4.* Singapur: Institute of Southeast Asian Studies.

Harmer, Adele/Ellen Martin (Hg.) (2010): *Diversity in donorship Field lessons.* http://www.odi.org.uk/resources/details.asp?id=4802&title=diversity-donorship-field-lessons [15.03.2011].

Heberer, Thomas (1994): „Volksrepublik China". In: Dieter Nohlen/Franz Nuscheler (Hg.). *Handbuch der dritten Welt. Ostasien und Ozeanien. Band 8.* Bonn: Verlag J.H.W. Dietz Nachf. S. 64-138.

Hofmann, Katharina (2006): „Herausforderungen für die internationale Entwicklungszusammenarbeit: Das Beispiel China." *FES Briefing Paper 15.* http://library.fes.de/pdf-files/iez/04131.pdf [16.03.2011].

ICSID (2010): „About ICSID". http://icsid.worldbank.org/ICSID/ICSID/AboutICSID_ Home.jsp [17.01.2011].

Ihne, Hartmut/Jürgen Wilhelm (Hg.) (2006): *Einführung in die Entwicklungspolitik.* Münster: LIT Verlag.

IMF (2004): „At a Glance – China and the IMF". http://www.imf.org/external/country/chn/rr/glance.htm [02.12.2010].

Janowski, Hans Norbert/ Theodor Leuenberger (Hg.) (2008): *Globale Akteure der Entwicklung. Die neuen Szenarien.* Wiesbaden: VS Verlag für Sozialwissenschaften.

Jing, Mao 荆茂 (2009): 世行：中国经济在2009 年仍将保持较高水平发展 *Shihang: Zhongguo jingji zai 2009 nian reng jiang baochi jiao gao shuiping fazhan* [Weltbank: Chinas Wirtschaft bleibt 2009 auf hohem Entwicklungsniveau]. 中国经贸 (Zhongguo jingmao). 01.08.2009. S. 50.

Kaiser, Martin/Norbert Wagner (1991): *Entwicklungspolitik. Grundlagen – Probleme – Aufgaben. 3., überarbeitete Auflage.* Bonn: Bundeszentrale für politische Bildung.

Kappel, Robert/Tina Schneidenbach (2006): „China in Afrika: Herausforderungen für den Westen".*GIGA Focus Global Nummer 12.* www.giga-hamburg.de [13.12.2010].

King, Timothy/Jiping Zhang (Hg.) (1992): *Case Studies of Chinese Economic Reform.* Washington D.C.: World Bank.

Klenner, Wolfgang (1981): *Der Wandel in der Entwicklungsstrategie der VR China. Umsrtukturierung und Reform der chinesischen Wirtschaft seit 1978.* Hamburg: Verlag Weltarchiv.

Kopp, Gudrun (18. 05 2010): „Deutsch-Chinesische Dialogveranstaltung in der KfW-Niederlassung Berlin". http://www.bmz.de/mobil/aktuelles/reden/20100518_rede1.html [09.03.2011].

Lachmann, Werner (2004): *Entwicklungspolitik: Grundlagen. Band 1.* München, u.a.: Oldenbourg.

Lancaster, Carol (Jun. 2007): „The Chinese Aid System". Center for Global Development: www.cgdev.org [18.10.2010].

Laufer, Denise/Sven Grimm/Thomas Fues (2006): *Chinas Afrikapolitik: Chance und Herausforedrung für die europäische Entwicklungszusammenarbeit.* http://www.die-gdi.de/CMS-Homepage/openwebcms3_e.nsf/(ynDK_contentByKey)/ENTR-7BQLTY?Open&nav=expand:Publications;active:Publications%5C ENTR-7BQLTY [15.03.2011].

Li, Chong 李翀 (2010): 中国成为世界银行第三大股东意味着什么 *Zhongguo chengwei Shijie Yinhang di san da gudong yiwei shi shenme* [China wird drittgrößter Anteilseigner der Weltbank: Was das bedeutet]. 西部论丛 (*Xibu lun cong*). 5/2010. S. 28f.

Li, Li 李莉 (2006): 世界银行贷款项目对我国的影响 *Shijie Yinhang daikuan xiangmu dui woguo de yingxiang* [Der Einfluß des Weltbank-Kredit-Projekts auf China]. 价值工程 (*Jiazhi gongcheng*). 12/2006. S. 159f.

Li, Xiaoyun (o.J.): „China's Foreign Aid and Aid to Africa: overview". www.oecd.org/ dataoecd/27/7/40378067.pdf [15.03.2011].

Li, Zhaoxia/Liu, Ying. 李朝霞 / 刘颖 (2004): 周恩来对外援助八项原则形成始末 *Zhou Enlai duiwai yuanzhu ba xiang yuanze xingcheng* shimo [Die ganze Geschichte der Entstehung von Zhou Enlais Acht Prinzipen der Auslandshilfe]. 中国档案报 (*Zhongguo dangan bao*). S. 6f.

Lin, Justin Yifu/Cai Feng/Li Zhou (2003): *The China miracle. Development strategy and economic reform.* Hong Kong: Chinese University Press.

Liu, Hong/Yang, Fan 刘洪 /杨帆 (27. 04 2010): 中国成为世界银行第三大股东国 *Zhongguo chengwei Shijie Yinhang di san da gudong* guo [China wird drittgrößter Anteilseigner der Weltbank]. 中国证券报 (*Zhongguo zhengquan bao*). S. A11-A13.

Lordan, Meredith (2009): *The World Bank and the International Monetary Fund.* New York: Infobase Publishing.

Lum, Thomas et al. (25. 02 2009): „China's foreign aid activities in Africa, Latin America, and South East Asia". http://www.fas.org/ sgp/crs/row/R40361.pdf [01.11.2010].

Lusaka Times (12. 01 2010): „Zambia: China injects $39m into TAZARA operations". www.lusakatimes.com/?p=22984 [01.03.2011]

Maddison, Angus (2006): *The World Economy: Volume 1: A Millennial Perspective and Volume 2: Historical Statistics.* OECD Publishing: http://www.oecd-ilibrary.org/development/the-world-economy_9789264022621-en [13.11.2010].

Marshall, Katherine (2008): *The World Bank. From reconstruction to development to equity*. Abingdon, u.a.: Routledge.

McNamara, Robert S. (09. 24 1973): „The Nairobi speech. Address to the Board of Governors". http://www.juerg-buergi.ch/Archiv/EntwicklungspolitikA/EntwicklungspolitikA/assets/McNamara_Nairobi_speech.pdf [05.10.2010].

Menzel, Ulrich (2005): „Entwicklungszusammenarbeit versus Containment. Sechs Dekaden Entwicklungspolitik." *NORD-SÜD aktuell*. 1.Quartal 2005. S. 99-110.

Miao, Qun 苗群 (2010): 中日韩对外援助的比较分析 *Zhong Ri Han duiwai yuanzhu de bijiao fenxi* [Untersuchungen zur vergleichenden Analyse der Entwicklungspolitik von China, Japan und Korea]. 吉林大学 (Jilin daxue). [Diss.].

Mirsky, Jonathan/Dorothy-Grace Guerrero/Frances Wood (2008): *The Britannica Guide to modern China. A comprehensive introduction to the world's new econmic giant.* London: Robinson.

MOF (o.J.): „中国与世界银行合作30 年" *Zhongguo yu Shijie Yinhang hezuo 30 nian* [30 Jahre Zusammenarbeit zwischen China und der Weltbank]. www.mof.gov.cn/zhuantihuigu/cw30/ [13.01.2011].

MOFA (15.11.2000): „China and Food and Agriculture Organization (FAO)". http://www.mfa.gov.cn/eng/wjb/zzjg/gjs/gjzzyhy/2594/2600/t15178.htm [02.12.2010].

(16.09.2005): „Written speech by H.E. Hu Jintao President of the People's Republic of China at the high-level plenary meeting of the United Nations' 60th session". www.fmprc.gov.cn/eng/wjdt/zyjh/t213091.htm [01.03.2011].

Münz, Rainer/Albert F. Reiterer (2007): *Wie schnell wächst die Zahl der Menschen? Weltbevölkerung und weltweite Migration.* Frankfurt am Main: Fischer Taschenbuch Verlag.

Nohlen, Dieter (Hg.) (2002): *Lexikon Dritte Welt. Länder, Organisationen, Theorien, Begriffe, Personen.* Vollständig überarbeitete Neuausgabe. Reinbek: Rowohlt.

/Franz Nuscheler (Hgg.) (1992): *Handbuch der dritten Welt. Grundprobleme, Theorien, Strategien. Band 1.* 3., völlig neu bearb. Auflage. Bonn: Verlag J. H. W. Dietz Nachf.

Nohlen, Dieter/Franz Nuscheler (Hgg.) (1994): *Handbuch der Dritten Welt. Ostasien und Ozeanien. Band 8.* 3., völlig neu bearb. Auflage. Bonn: Verlag J. H. W. Dietz Nachf.

Nuscheler, Franz (2005): *Lern- und Arbeitsbuch Entwicklungspolitik.* 6. Auflage. Bonn: Verlag J.H.W. Dietz Nachf.

(2009): Good Governance. Ein universelles Leitbild von Staatlichkeit und Entwicklung? Duisburg: Institut für Entwicklung und Frieden (INEF).

OECD (2008a): *DAC list of ODA recipients.* www.oecd.org/ dataoecd/ 32/40/43540882.pdf [29.11.2010].

(2008b): *Development aid at a glance 2008. Statistics by region.* OECD Publishing: http://www.oecd-ilibrary.org/development/ development-aid-at-a-glance-2008_dev_glance-2008-en [29.11.2010].

(23. 06 2008a): *Develpopment aid at a glance 2008. Statistics by region. Chapter 4: Asia.* http://dx.doi.org/10.1787/411032211503 [29.11.2010].

(23. 06 2008b): *Development aid at a glance 2008: Statistics by region. Chapter 4: Asia.* http://dx.doi.org/10.1787/411014267630 [29.11.2010].

(2009a): *Donor aid charts: Germany.* www.oecd.org/dataoecd/42/1/ 44284478.gif [30.11.2010].

(2009b): *Recipient aid chart: China.* www.oecd.org/dataoecd/1/21/ 1880034.gif [30.11.2010].

(2010a): *Active with The People's Republic of China.* www.oecd.org/dataoecd/19/49/44751373.pdf [15.03.2011].

(2010b): *Development aid at a glance 2011: Statistics by region. 1. Developing countries.* www.oecd.org/dac/stats/regioncharts [29.11.2010].

(2010c): *Development aid at a glance 2011: Statitstics by region. 4. Asia.* www.oecd.org/dataoecd/39/51/42139371.pdf [29.11.2010].

Qiu, Guilin 邱桂林 (2006): 新中国二十世纪50 一 70 年代末的对外援助述评 *Xin Zhongguo ershi shiji 50-70 niandai mo de duiwai yuanzhu shuping* [Bewertung der Entwicklungshilfe Chinas der 1950er-1970er Jahre]. 湘潭大学 (Xiangtan daxue). [Diss.].

Raffer, Kunibert/Singer, H[ans] W[olfgang] (1996): *The foreign aid business. Economic assistance and development co-operation.* Cheltenham: Edward Elgar Publishing.

Ramo, Joshua Cooper (2004): *The Beijing Consensus.* http://fpc.org.uk/ publications/TheBeijingConsensus [07.12.2010].

Rauch, Theo (2009): *Entwicklungspolitik. Theorien, Strategien, Instrumente.* Braunschweig: Westermann.

Ravallion, Martin (2008): „Are there lessons for Africa from China's success against poverty?" *Policy research working paper 4463.* http://works.bepress.com/ martin_ravallion/10 [03.12.2010].

(14. 02 2011): *Awareness of poverty over three centuries.* www.voxeu.org/ index.php?q=node/6106 [19.02.2011].

***Renminwang*, 人民网 (13.09.2010)**: 世界银行与中国合作三十周年 世行行长撰文赞为成功典范 *Shijie Yinhang yu Zhongguo hezuo san shi zhounian – Shihang xingzhang zhuanwen zan wei chenggong dianfan* [Zum 30. Jahrestag der Zusammenarbeit von der Weltbank und China lobt der Weltbank-Präsident die Zusammenarbeit als erfolgreiches Modell der Kooperation]. www.tianjinwe.com/ rollnews/201009/t20100913_ 1766407.html [11.02.2011].

Sachs, Jeffrey D. (2005): *The end of poverty. Economic possibilities for our time.* London: Penguin Books.

Scholz, Fred (2006): *Entwicklungsländer. Entwicklungspolitische Grundlagen und regionale Beispiele.* Braunschweig: Westermann.

Sen, Amartya (1983): „Development: Which way now?" *The Economic Journal.* Vol. 93. Nr. 372. S. 745-762.

Senghaas, Dieter (1994): *Wohin driftet die Welt? Über die Zukunft friedlicher Koexistenz.* 1. Auflage. Frankfurt am Main: Suhrkamp.

Singh, Swaran (1998): „Three Agreements and Five Principles between India and China". In: Tan Chung (Hg.). *Across the Himalayan gap. An Indian quest for understanding China.* New Delhi: Gyan Publishing House. S. 56. www.ignca.nic.in/ks_41062.htm [02.12.2010].

Spiegel Online (14.07.2011): „Opposition kritisiert Merkels Angola-Geschäft". http://www.spiegel.de/politik/deutschland/0,1518,774332,00.html [29.07.2011].

Spiegel Online (28.07.2011): „Die Krise ist menschengemacht". http://www.spiegel.de/politik/ausland/0,1518,777067,00.html [29.07.2011].

ssu/Reuters. (01.03.2011): „Washington schuldet China viel mehr Geld als angenommen". www.spiegel.de/wirtschaft/soziales/ 0,1518,748263,00.html [10.03.2011].

Standop, Ewald/Matthias Meyer (2008): *Die Form der wissenschaftlichen Arbeit.* 18., bearbeitete und erweiterte Auflage. Wiebelsheim: Quelle & Meyer.

Stiglitz, Joseph E. (2002): *Globalization and Its Discontents.* London: Penguin Books.

(2006): *Making Globalization Work.* New York: Norton.

Sun, Tongquan 孙同全 (2008): **战后国际发展援助的发展阶段及其特点** *Zhan hou guoji fazhan yuanzhu de fazhan jieduan jiqi tedian* [Entwicklungsphasen und Eigenschaften der Internationalen Entwicklungshilfe nach dem zweiten Weltkrieg]. 北京工商大学学报 (*Beijing gongshang daxue xuebao*). Band 23. Nr. 4. S. 121-127.

Szent-Ivanyi, Timot (2011): „Das ist auch menschengemacht". Frankfurter Rundschau. 28.07.2011. S.3.

Taake, Hans-Helmut (1996): „China. Von ideologischer Fixierung zu außenpolitischem Pragmatismus." In: Reinhold E. Thiel *Entwicklungspolitiken – 33 Geberprofile* -. Hamburg: Deutsches Übersee-Institut. S. 233-239.

The Conference Board. (10.11.2010): „World growth to pick up speed". www.conference-board.org/press/pressdetail.cfm?pressid=4057 [09.02.2011]

***The Economist* (16.08.2010)**: „Hello America. China's economy overtakes Japan's in real terms." www.economist.com/node/16834943 [21.10.2010].

(16.12.2010): „Dating game. When will China overtake America?" www.economist.com/node/17733177?story_id=17733177 [09.02.2011].

Twele, Cord (1995): *Die Entwicklungspolitik der Weltbank-Gruppe vor dem Hintergrund der Schuldenkrise der "Dritten Welt" seit Beginn der achtziger Jahre.* Frankfurt am Main, u.a.: Europäischer Verlag der Wissenschaften.

UN in China (2006): „UN partnership in China". www.un.org.cn/cms/p/resources/30/337/content.html [19.11.2010].

UNDP (22. 09 2010): „UNDP, China agree on new cooperation for development". http://content.undp.org/go/newsroom/2010/september/undp-and-china-agree-new-cooperation-for-development.en [02.12.2010].

(o.J.): „China. Country profile of human development indicators". http://hdrstats.undp.org/en/countries/profiles/CHN.html#top [02.12.2010].

United Nations (o.J.): „About development. Mandate." www.un.org/en/development/other/overview.shtml [30.09.2010].

Volz, Gerhard (2000): *Die Organisationen der Weltwirtschaft. The organisations of the world economy*. Englisch-Deutsch. München, u.a.: Oldenbourg

Wang, Wei/Zhu Huibo 王蔚/朱慧博 (2008): 简析改革开放以来中国的对外援助 *Jian xi gaige kaifang yilai Zongguo de duiwai yuanzhu* [Analyse der Chinesischen Auslandshilfe seit Reform und Öffnung]. 毛泽东邓小平理论研究 (*Mao Zedong, Deng Xiaoping lilun yanjiu*) Nr.8. S. 17, 45-49.

Wang, Xuan 王瑄 (19.09.2009): 对外援助八项原则的提出 *Duiwai yuanzhu ba xiang yuanze de tichu* [Die Vorstellung der Acht Prinzipien der Entwicklungshilfe]. 国际商报 (*Guoji shangbao*). S. 9.

Welthaus Bielefeld (Hg.) (2008): *Datenblatt Entwicklungspolitik II-2008.* Bielefeld: Welthaus Bielefeld [Neueste Aktualisierung jeweils unter: www.welthaus.de].

(2010): *Datenblatt Entwicklungspolitik II-2010.* Bielefeld: Welthaus Bielefeld.

WFP China Office (2009): *United Nations World Food Programme in China 1979-2009. Celebrating 30 years of cooperation.* http://www.un.org.cn/cms/p/resources/ 30/1310/content.html [15.03.2011].

Wild, Leni/David Mepham (Hgg.) (2006) *The new sinosphere. China in Africa.* London: Institute for Public Policy Research (ippr).

World Bank (16.02.1989): *IBRD Articles of Agreement.* http://siteresources.worldbank.org/EXABOUTUS/Resources/ibrd-articlesofagreement.pdf [10.03.2011].

(1990): *China. Between plan and market.* Washington D.C.: World Bank.

(1992): *China. Strategies for reducing poverty in the 1990s.* Washington D.C.: World Bank.

(1997): *China 2020. Development challenges in the new century.* Washington D.C.: World Bank.

(1999): *How China is weathering the storm.* Washington D.C.: World Bank.

(2000): *East Asia. Recovery and beyond.* Washington D.C.: World Bank.

(2006): *Country partnership strategy for The People's Republic of China for the period 2006-2010.* http://go.worldbank.org/L1AOU35JC0 [28.10.2010].

(2007): *China and the World Bank: A partnership for innovation.* http://siteresources.worldbank.org/INTCHINA/Resources/318862-1121421293578/ cn_bank_partnershp_innovation.pdf [10.03.2011].

(11.04.2008): „Global output totals $59 trillion -- developing countries have increasing share, says World Bank". http://go.worldbank.org/LD6OUU2YQ0 [07.02.2011].

(06.08.2008): "China - Results: Ongoing progress in China". http://go.worldbank.org/Q4PPPKBTR0 [07.02.2011].

(2009a): *Country partnership strategy progress report for The People's Republic of China for the period 2006-2010.* http://go.worldbank.org/5UOVPS6LY0 [03.11.2010].

(2009b): *From poor areas to poor people: China's evolving poverty reduction agenda. An assessment of poverty and inequality in China.* http://go.worldbank.org/ 62HINPBR40 [23.10.2010].

(09.02.2009): „China - Country brief". http://go.worldbank.org/5UOVPS6LY0 [08.02.2011].

(13.09.2010a): „Celebration of the 30th Anniversary of China-World Bank Partnership". http://web.worldbank.org/WBSITE/ EXTERNAL/NEWS/0,,contentMDK:22699109~noSURL:Y~pagePK:34370~piPK:42770~theSitePK:4607,00.html [21.02.2011].

(13.09.2010b): „China and the World Bank: 30 years of partnership". http://go.worldbank.org/TDXTUA6BS0 [09.02.2011].

(26. 04 2010): „Prospects daily: World Bank gets capital increase – China becomes 3rd largest shareholder". http://blogs.worldbank.org/prospects/prospects-daily-world-bank-gets-capital-increase-china-becomes-3rd-largest-shareholder [07.02.2011].

(04.10.2010): „About us". http://go.worldbank.org/J4OW7MGS80 [03.01.2011].

(2011): „Food price watch“. www.worldbank.org/foodcrisis/food_price_watch_report_feb2011.html [21.02.2011].

(o.J.a): „China and the World Bank: 30 years of partnership“. http://go.worldbank.org/TDXTUA6BS0 [10.03.2011].

(o.J.b): „China-All projects“. http://go.worldbank.org/OFHEEKRCD0 [10.03.2011].

(o.J.c): „China – Proposed projects“. http://web.worldbank.org/external/default/main?menuPK=318984&pagePK=141143&piPK=51055560&theSitePK=318950 [09.02.2011].

(o.J.d): „Data. China“. http://data.worldbank.org/country/china [02.12.2010].

(o.J.e): „IBRD–Background“. http://go.worldbank.org/D6IEM83I10 [17.01.2011].

(o.J.f): „IDA-What is IDA?“ http://go.worldbank.org/ZRAOR8IWW0 [17.01.2011].

(o.J.g): „Internationale Finanz-Corporation (IFC)“. http://go.worldbank.org/65YUTSAZA0 [17.01.2011].

(o.J.h): „Multilaterale Investitionsgarantie-Agentur (MIGA)“. http://go.worldbank.org/JQKZILWSA0 [17.01.2011].

(o.J.i): „Überblick Weltbankgruppe-Geschäftstätigkeit 2010“. http://go.worldbank.org/0AQNPI7NT0 [17.01.2011].

(o.J.j): „World Bank chief economist: Justin Yifu Lin“. http://go.worldbank.org/DW31NCS6S0 [05.02.2011].

Wu, Jian 吴健 (2003): 我国与世界银行的合作:成就、问题与对策 *Woguo yu Shijie Yinhang de hezuo: Chengjiu, wenti yu duice* [Die Zusammenarbeit zwischen China und der Weltbank: Erfolge, Probleme und Lösungen]. 现代财经 (*Xiandai caizhing*) Band 23. Nr. 3. S. 28-31.

Wu, Tian 吴天 (2004): 中国对外援助政策分析 *Zhongguo duiwai yuanzhu zhengce fenxi* [Analyse der chinesischen Entwicklungspolitik]. 外交学院 (*Waijiao xueyuan*). [Diss.].

Wu, Yongqing/Zhao, Zhengan 武永清/赵争艳 (17. 10 2006): 世界银行太原项目考察团莅并 *Shijie Yinhang Taiyuan xiangmu kaocha tuan li bing* [Studie zum Taiyuan-Weltbank-Projekt]. 太原日报 (*Taiyuan ribao*). S. 1.

Xiao, Zongzhi 肖宗志 (2002): 试论周恩来对外经济技术援助的思想与实践 *Shi lun Zhou Enlai duiwai jingji jishu yuanzhu de sixiang yu shijian* [Darlegungen zu Gedanken und Praxis von Zhou Enlais Acht Prinzipien der wirtschaftlichen und teschnischen Hilfe für das Ausland]. 浙江海洋学院学报: 人文科学版 (*Zhejiang haiyang xueyuan xuebao: Renwen kexue ban*). Band 19. Nr. 3. S. 20-24.

Xie, Xuren 谢旭人 (2010): 加强务实合作 实现互利共赢—纪念中国与世界银行合作三十周年 *Jiaqiang wushi hezuo shixian huli gongying – jinian Zhongguo yu Shijie Yinhang hezuo sanshi zhuonian* [Stärkung der pragmatischen Zusammenarbeit und Erreichen von beidseitig nützenden win-win-Situationen. Finanzminister Xie anlässlich der 30-jährigen Zusammenarbeit zwischen China und der Weltbank]. *Renmin ribao*. 08.09.2010. S. 16.

***Xinhua* (13.02.2008)**: „China exempts 49 countries from 374 debts". http://yws2.mofcom.gov.cn/aarticle/workaffair/200802/20080205375570.html [23.11.2010].

Xu, Xiaoman (1999): *Der Beitrag der deutsch-chinesischen Entwicklungszusammenarbeit zur Wirtschafts- und Politikreform in der Volksrepublik China*. Hamburg: LIT Verlag.

Yang, Dali/Zhao, Litao (Hgg.) (2009): *China's reforms at 30*. Singapur, u.a.: World Scientific Publishing.

Yang, Hongxi 杨鸿玺 (2009): 中国对外援助的回顾与发展 *Zhongguo duiwai yuanzhu de huigu yu fazhan* [Entwicklung und Bewertung der chinesischen Auslandshilfe]. 学习月刊 (*Xuexi yuekan*). Nr. 11. S. 40-42.

/Chen, Kaiming 杨鸿玺/陈开明 (2010): 中国对外援助：成就、教训和良性发展 *Zhongguo duiwai yuanzhu: Chengjiu, jiaoxun he liangxing fazhan* [Chinas Auslandshlife: Ergebnisse, Lektionen und gutartige Entwicklung]. 国际展望 (*Guoji* zhanwang). Nr. 1. S. 46-56.

Young, Wesley Robert (1991): *China, The World Bank, and the global technological revolution: Learning new strategies of science and technology for development*. Ann Arbor: UMI. [Diss.].

Zhang, Baohai (2010): „Chinese foreign policy in transition: Trends and implications". *Journal of Current Chinese Affairs*.2/2010. S. 39-68.

Zhang, Haibing 张海冰 (2009): 论中国援外不附加政治条件原则的理论基础及现实意义 *Lun Zongguo yuanwai bu fujia zhengzhi tiaojian yuanze de lilun jichu ji xianshi yiyi* [Chinas Prinzip der politischen Nicht-Konditionalität der (Entwicklungs-) Hilfe]. 当代亚太 (*Dangdai yatai*). Nr. 6. S. 93-105.

Zhang, Shouchun 张寿春 (2005): 周恩来与平等互利的和平经济政策 *Zhou Enlai yu pingdeng huli de heping jingji zhengce* [Zhou Enlai und die friedliche Wirtschaftspolitik der Gleichheit und zum gegenseitigen Nutzen]. In: 2005: 发展·和谐·公正 —— 江苏省社科类学会学术年会成果荟萃 *2005: Fazhan-hexie-gongcheng – Jiangsu sheng she ke lei xuehui xueshu nian hui chengguo huicui*. 江苏省 (*Jiangsu sheng*). S. 405-410.

Zhang, Xinqi 张鑫琦 (2007): 世界银行对华援助战略研究 *Shijie Yinhang dui Hua yuanzhu zhanlüe yanjiu* [Untersuchung zur Weltbank-Strategie in China]. 吉林大学 (*Jilin daxue*). [Diss.].

Zhang, You/Liu, Zhensheng 张友/刘振盛 (20.08.2007): 世界银行重庆试点股权投资助力八大集团上市 *Shijie Yinhang Chongqing shidian guquan touzi zhuli ba da jituan shangshi* [Weltbank-Pilotprojekt in Chongqing – Kapitalbeteiligungen an acht Unternehmen am Markt]. 21 世纪经济报道 (*21 Shiji jingji baodao*). S. 10-11.

Zhou, Hong 周弘 (2008): 中国对外援助与改革开放30 年 *Zhongguo duiwai yuanzhu yu gaige kaifang 30 nian* [Chinas Auslandshilfe und 30 Jahre Reform und Öffnung]. 世界经济与政治 (*Shijie jingji yu* zhengzhi). Nr. 11. S. 33-43.

Zhu, Guangyao 朱光耀 (2005): 世界银行与中国的改革开放 *Shijie Yinhang yu Zhongguo de gaige kaifang* [Die Weltbank und Chinas Reform und Öffnung]. 求是杂志 (*Qiu shi zazhi*). Nr. 15. S. 59-61.

Zhu, Jin (28.10.2010): „China to raise its poverty line". www.chinadaily.com.cn/china/2010-10/28/content_11467561.htm [02.11.2010].

Zhu, Zhenming (2009): „China's economic aid to CLMV and its economic cooperation with them". In: Kagami Mitsuhiro (Hg.) *A China-Japan comparison of economic relationships with the Mekong river basin countries. BRC Research Report No.1.* Institute of Developing Economies-Japan External Trade Organization (IDE-JETRO). S. 69-106.

Zoellick, Robert B. (26.09.2010): 世界银行与中国合作三十周年 世行行长撰文赞为成功典范 *Shijie Yinhang yu Zhongguo hezuo sanshi zhounian – Shijie Yinhang xingzhang zhuanwen zan wei chenggong dianfan* [30. Jahrestag der Zusammenarbeit der Weltbank und China. Der Weltbankpräsident lobte die Zusammenarbeit als erfolgreiches Modell]. Yang, Mu杨牧(Hg.). 人民网 Renminwang: http://world.people.com.cn/GB/57507/12704690.html [07.11.2010].

Glossar chinesischer Begriffe

Deutsch	Pinyin	中文
4. Mai Bewegung	*Wusi yundong*	五四运动
Abteilung für Auslandshilfe (DAFC)	*Dui wai yuanzhu si*	对外援助司
Acht Prinzipien der Entwicklungshilfe	*Duiwai yuanzhu ba xiang yuanze/Zhongguo zhengfu duiwai jingji jishu yuanzhu de ba xiang yuanze*	对外援助八项原则/中国政府对外经济技术援助的八项原则
Auslandshilfe	*Duiwai yuanzhu/Waiyuan*	对外援助/外援
Außenministerium (MOFA)	*Waijiaobu*	外交部
Bildungsministerium (MOE)	*Jiaoyubu*	教育部
China Africa Development Fund	*Zhong Fei fazhan jijin*	中非发展基金
China Development Bank (CDB)	*Guojia kaifa yinhang*	国家开发银行
Ein-China-Politik	*Yi ge Zhingguo zhengce/Yi ge Zhongguo*	一个中国政策/一个中国
Ein-Kind-Politik, bzw. wörtlich: Politik zur Familienplanung	*Jihua shengyu zhengce*	计划生育政策
Eiserne Reisschüssel; fester Arbeitsplatz mit Rentengarantie	*Tiefanwan*	铁饭碗

Entwicklungs-hilfe	*Fazhan yuanzhu*	发展援助
Export-Import Bank of China	*Zhongguo jin chukou yinhang*	中国进出口银行
Finanz-ministerium (MOF)	*Caizhengbu*	财政部
Fünf Prinzipien der friedlichen Koexistenz	*Heping gongchu wu xiang yuanze*	和平共处五项原则
Gesellschaft mit moderatem Wohlstand	*Xiaokang shehui*	小康社会
***Go out-/go global-*Strategie**	*Zou chuqu zhanlüe*	走出去战略
Großer Sprung nach vorne	*Da yuejin*	大跃进
Handelsministe-rium (MOFCOM)	*Shangwubu*	商务部
Harmonische Gesellschaft	*Hexie shehui*	和谐社会
Harmonische Welt	*Hexie shijie*	和谐世界
Hilfe	*Yuanzhu*	援助
***Hukou*-System; Wohnsitz-kontrolle der VR China**	*Hukou/Huji*	户口/户籍
Nach Steinen tastend den Fluss überqueren	*Mo zhe shitou guo he*	摸着石头过河
Öffentliche Ent-wicklungshilfe (ODA)	*Zhizi jiushi wei guanfang fazhan yuanzhu*	职责就是为官方发展援助

Staatliche Kommission für Entwicklung und Reform (NDRC)	*Guojia fazhan he gaige weiyuan hui*	国家发展和改革委员会
Staatsrat (China)	*Guowuyuan*	国务院
Ungleiche Verträge	*Bu pingdeng tiaoyue*	不平等条约
Vier Modernisierungen	*Si ge xiandaihua*	四个现代化
Viererbande	*Sirenbang*	四人帮
Weltbank	*Shijie yinhang*	世界银行
Wirtschaftliche Auslandshilfe	*Duiwai jingji yuanzhu*	对外经济援助
Wirtschaftliche Hilfe	*Jingji yuanzhu*	经济援助
Wirtschaftliche Zusammenarbeit	*Jingji hezuo*	经济合作

Zeitfracht Medien GmbH
Ferdinand-Jühlke-Straße 7
99095 Erfurt, Deutschland
produktsicherheit@kolibri360.de